JULES VERNE

Ce grand écrivain français (Nantes 1828 - Amiens 1905) est le créateur du roman scientifique d'anticipation.

Très tôt, il se passionne pour les découvertes scientifiques.

En 1863, il publie *Cinq semaines en ballon.* C'est le premier des cent un volumes des *Voyages extraordinaires dans les mondes connus et inconnus.*

Dans ses romans, Jules Verne entraîne ses lecteurs dans toutes les parties du monde. Il leur fait faire *Le tour du monde en quatre-vingt jours,* les conduit en Amérique du sud, en Australie, en Nouvelle Zélande avec *Les enfants du Capitaine Grant,* en Russie avec *Michel Strogoff,* en Hongrie avec *Mathias Sandorf...* Les aventures maritimes sont les plus nombreuses: *L'île mystérieuse, Un capitaine de quinze ans...* Son imagination nous entraîne aussi vers des lieux inaccessibles: *Voyage au centre de la Terre, De la terre à la lune, Vingt mille lieues sous les mers...*

Aujourd'hui encore, ces voyages extraordinaires, remplis de héros passionnés et épris de justice, font rêver les adolescents.

COLLECTION JULES VERNE

LES ENFANTS DU CAPITAINE GRANT

tournesol

Version abrégée pour la collection Jules Verne

PREMIÈRE PARTIE

BALANCE-FISH

Le 26 juillet 1864, par une forte brise du nord-est, un magnifique yacht évoluait à toute vapeur sur les flots du canal du Nord. Ce yacht se nommait le *Duncan;* il appartenait à Lord Glenarvan.

Lord Edward Glenarvan se trouvait à bord avec sa jeune femme, Lady Helena, et l'un de ses cousins, le major Mac Nabbs.

Le matelot de vigie signala un énorme poisson qui s'abattait dans le sillage du yacht. Le capitaine John Mangles fit aussitôt prévenir Lord

Edward. Celui-ci monta sur la dunette avec le major Mac Nabbs et demanda au capitaine ce qu'il pensait de cet animal.

—Vraiment, Votre Honneur, répondit John Mangles, je pense que c'est un requin d'une belle taille.

—Un requin dans ces parages! s'écria Glenarvan.

—Cela n'est pas douteux, reprit le capitaine; ce poisson appartient à une espèce de requins qui se rencontre dans toutes les mers. Si Votre Honneur y consent, et pour peu qu'il plaise à Lady Glenarvan d'assister à une pêche curieuse, nous saurons bientôt à quoi nous en tenir. D'ailleurs, reprit-il, on ne saurait trop exterminer ces terribles bêtes. Profitons de l'occasion, et, s'il plaît à Votre Honneur, ce sera à la fois un émouvant spectacle et une bonne action.

—Faites, John, dit Lord Glenarvan.

Les matelots jetèrent par-dessus les bastingages de tribord une forte corde, munie d'un émerillon amorcé avec un épais morceau de lard. Le requin se rapprocha rapidement du yacht.

Bientôt l'animal fut à portée de l'émerillon; les matelots halèrent le monstrueux squale au moyen d'un palan frappé à l'extrémité de la grande vergue.

Le requin se débattit violemment, en se voyant arracher de son élément naturel. Quelques instants après, il était enlevé au-dessus des bastingages et précipité sur le pont du yacht. Aussitôt, un des marins trancha la formidable queue de l'animal.

La pêche était terminée; il n'y avait plus rien à craindre de la part du monstre; la vengeance des marins se trouvait satisfaite, mais non leur curiosité. En effet, il est d'usage à bord de tout navire de visiter soigneusement l'estomac du requin.

Bientôt l'énorme poisson fut éventré à coups de hache, et sans plus de cérémonies. Les marins désappointés allaient en jeter les débris à la mer, quand l'attention du maître d'équipage fut attirée par un objet grossier, solidement engagé dans l'un des viscères.

—Eh! qu'est-ce que cela? s'écria-t-il.

—Ne voyez-vous pas que cet animal était un ivrogne fieffé, et que pour n'en rien perdre il a bu non seulement le vin, mais encore la bouteille? répliqua Tom Austin, le second du yacht.

—Quoi! s'écria Lord Glenarvan, c'est une bouteille que ce requin a dans l'estomac! Les bouteilles trouvées en mer renferment souvent des documents précieux. Nous allons en avoir le cœur net.

—Voilà, répondit le second, en montrant un objet informe qu'il venait de retirer, non sans peine, de l'estomac du requin.

—Bon, dit Glenarvan, faites laver cette vilaine chose, et qu'on la porte dans la dunette.

Il fallait savoir à quoi s'en tenir, et Glenarvan procéda sans plus attendre à l'examen de la bouteille.

—Eh bien? demanda Lady Helena, avec une impatience toute féminine.

—Oui! dit Glenarvan, je ne me trompais pas! Il y a là des papiers!

—Des documents! Des documents! s'écria Lady Helena.

—Seulement, répondit Glenarvan, ils paraissent être rongés par l'humidité, et il est impossible de les retirer, car ils adhèrent aux parois de la bouteille.

8

—Cassons-la, dit Mac Nabbs.

Il était difficile de procéder d'une autre façon, et Lord Glenarvan se décida à briser le goulot de la précieuse bouteille. Bientôt ses débris tombèrent sur la table, et l'on aperçut plusieurs fragments de papier adhérant les uns aux autres. Glenarvan les retira avec précaution, les sépara, et les étala devant ses yeux, pendant que Lady Helena, le major et le capitaine se pressaient autour de lui.

LES TROIS DOCUMENTS

Lord Glenarvan les examina avec attention.

—Il y a là, dit-il, trois documents distincts, et vraisemblablement trois copies du même document traduit en trois langues, l'un anglais, l'autre français, le troisième allemand. Les quelques mots qui ont résisté ne me laissent aucun doute à cet égard.

—Voilà qui ne signifie pas grand-chose, dit le major d'un air désappointé.

Glenarvan prit aussitôt la plume, et quelques instants après, il présentait à ses amis un papier sur lequel étaient tracées les lignes suivantes:

7 juin 1862   trois-mâts Britannia   Glasgow
        sombré   gonie   austral
              à terre   deux matelots
capitaine Gr   abor
contin   pr   cruel   indi
        jeté ce document   de longitude
et 37° 11′ de latitude   Portez-leur secours
        perdus

En ce moment, un matelot vint prévenir le capitaine que le *Duncan* embouquait le golfe de la Clyde, et il demanda ses ordres.

—Quelles sont les intentions de Votre Honneur? dit John Mangles en s'adressant à Lord Glenarvan.

—Gagner Dumbarton au plus vite, John; puis, tandis que Lady Helena retournera à Malcolm-Castle, j'irai jusqu'à Londres soumettre ce document à l'Amirauté.

John Mangles donna ses ordres en conséquence, et le matelot alla les transmettre au second.

—Maintenant, mes amis, dit Glenarvan, continuons nos recherches. La vie de quelques hommes dépend de notre sagacité. Employons donc toute notre intelligence à deviner le mot de cette énigme.

—J'ai ici la collection de la *Mercantile and Shipping Gazette,* qui nous fournira des indications précises, dit John Mangles.

John Mangles prit une liasse de journaux de l'année 1862 et se mit à la feuilleter rapidement. Ses recherches ne furent pas longues, et bientôt il dit avec un accent de satisfaction:

—30 mai 1862. Pérou! Le Callao! En charge pour Glasgow, *Britannia*, capitaine Grant.

Lord Glenarvan reprit la plume, et il rédigea sans hésiter la note suivante:

Le 7 juin 1862, le trois-mâts Britannia, de Glasgow, a sombré sur les côtes de la Patagonie dans l'hémisphère austral. Se dirigeant à terre, deux matelots et le capitaine Grant vont tenter d'aborder le continent où ils seront prisonniers de cruels Indiens. Ils ont jeté ce document par... degrés de longitude et 37° 11' de latitude. Portez-leur secours, ou ils sont perdus.

—Bien! bien! mon cher Edward, dit Lady Helena, et si ces malheureux revoient leur patrie, c'est à vous qu'ils devront ce bonheur. Ils ont sans doute une famille qui pleure leur perte. Peut-être ce pauvre capitaine Grant a-t-il une femme, des enfants...

—Vous avez raison, ma chère lady, et je me charge de leur apprendre que tout espoir n'est pas encore perdu. Maintenant, mes amis, remontons sur la dunette, car nous devons approcher du port.

En effet, le *Duncan* avait forcé de vapeur; à six heures du soir, il mouillait au pied du rocher basaltique de Dumbarton.

Là, une voiture attelée en poste attendait Lady Helena pour la reconduire à Malcolm-Castle avec le major Mac Nabbs. Puis Lord Glenarvan, après avoir embrassé sa jeune femme, s'élança dans l'express du railway de Glasgow.

Mais, avant de partir, il avait confié à un agent plus rapide une note importante, et le télégraphe électrique, quelques minutes après, apportait au *Times* et au *Morning-Chronicle* un avis rédigé en ces termes:

''Pour renseignements sur le sort du trois-mâts *Britannia,* de Glasgow, capitaine Grant, s'adresser à Lord Glenarvan, Malcolm-Castle, Luss, comté de Dumbarton, Ecosse.''

MALCOLM-CASTLE

Lord Glenarvan était parti pour Londres. Il s'agissait du salut de malheureux naufragés; aussi, de cette absence momentanée, Lady Helena se montra-t-elle plus impatiente que triste; le lendemain, une dépêche de son mari lui fit espérer un prompt retour; le soir, une lettre demanda une prolongation; les propositions de Lord Glenarvan éprouvaient quelques difficultés; le surlendemain, nouvelle lettre, dans laquelle Lord Glenarvan ne cachait pas son mécontentement à l'égard de l'Amirauté.

Ce jour-là, Lady Helena commença à être inquiète. Le soir, elle se trouvait seule dans sa chambre, quand l'intendant du château, Mr. Halbert, vint lui demander si elle voulait recevoir une jeune fille et un jeune garçon qui désiraient parler à Lord Glenarvan.

—Des gens du pays? dit Lady Helena.

—Non, madame, répondit l'intendant, car je ne les connais pas. Ils viennent d'arriver par le chemin de fer de Balloch, et de Balloch à Luss ils ont fait la route à pied.

—Priez-les de monter, Halbert, dit Lady Glenarvan. Quelques instants après, la jeune fille et le jeune garçon furent introduits dans la chambre de Lady Helena. C'étaient une sœur et un frère. A leur ressemblance on ne pouvait en douter. La sœur avait seize ans.

Elle tenait par la main un garçon de douze ans à l'air décidé, et qui semblait prendre sa sœur sous sa protection.

—Vous désirez me parler? dit-elle en encourageant la jeune fille du regard.

—Non, répondit le jeune garçon d'un ton déterminé, pas à vous, mais à Lord Glenarvan lui-même.

—Lord Glenarvan n'est pas au château, reprit Lady Helena; mais je suis sa femme, et si je puis le remplacer auprès de vous...

—Je suis Miss Grant, madame, et voici mon frère.

—Miss Grant, Miss Grant! s'écria Lady Helena en attirant la jeune fille près d'elle, en lui prenant les mains, et en baisant les bonnes joues du petit bonhomme.

—Madame, reprit la jeune fille, que savez-vous du naufrage de mon père? Est-il vivant? Le reverrons-nous jamais? Parlez, je vous en supplie!

—Ma chère enfant, répondit Lady Helena, l'espoir est bien faible; mais, avec l'aide de Dieu qui peut tout, il est possible que vous revoyiez un jour votre père.

Lady Helena lui raconta l'histoire du document, comment le *Britannia* s'était perdu sur les côtes de la Patagonie; de quelle manière, après le naufrage, le capitaine et deux matelots, seuls survivants, devaient avoir gagné le continent; enfin comment ils imploraient le secours du monde entier dans ce document écrit en trois langues et abandonné aux caprices de l'Océan.

UNE PROPOSITION DE LADY GLENARVAN

Pendant cette conversation, pas un mot ne fut dit touchant la captivité probable du capitaine Grant chez les Indiens de l'Amérique méridionale. A quoi bon attrister ces pauvres enfants sur la situation de leur père et diminuer l'espérance qu'ils venaient de concevoir? Lady Helena s'était donc tue à cet égard, et, après avoir satisfait à toutes les questions de Miss Grant, elle l'interrogea à son tour sur sa vie, sur sa situation dans ce monde où elle semblait être la seule protectrice de son frère.

Ce fut une touchante et simple histoire qui accrut encore la sympathie de Lady Glenarvan pour la jeune fille.

Pendant cette conversation, la nuit était tout à fait venue. Mary Grant et Robert furent conduits dans leurs chambres, et s'endormirent en rêvant à un meilleur avenir.

Le lendemain, Mary Grant et son frère, levés dès l'aube, se promenaient dans la grande cour du château, quand un bruit de voiture se fit entendre. Lord Glenarvan rentrait à Malcolm-Castle de toute la vitesse de ses chevaux.

—Eh bien, Edward, Edward? s'écria Lady Helena.

—Eh bien, ma chère Helena, répondit Lord Glenarvan, ces gens-là n'ont pas de cœur!

—Ils ont refusé?...

—Oui! Ils m'ont refusé un navire! Ils ont parlé des millions vainement dépensés à la recherche de Franklin! Ils ont déclaré le document obscur, inintelligible! Ils ont dit que l'abandon de ces malheureux remontait à deux ans déjà, et qu'il y avait peu de chance de les retrouver!

—Mon père! Mon pauvre père! s'écria Mary Grant en se précipitant aux genoux de Lord Glenarvan.

—Votre père! Quoi, miss, dit celui-ci, surpris de voir cette fille à ses pieds.

—Oui, Edward, Miss Mary et son frère, répondit Lady Helena, les deux enfants du capitaine Grant, que l'Amirauté vient de condamner à rester orphelins!

—Ah! miss, reprit Lord Glenarvan en relevant la jeune fille, si j'avais su votre présence...

—Je vais aller me jeter aux pieds de la reine dit la jeune fille, et nous verrons si elle sera sourde aux prières de deux enfants qui demandent la vie de leur père.

—Mary Grant, s'écria Lady Glenarvan, attendez, mon enfant, et écoutez ce que je vais dire. Edward! Le *Duncan* est un brave et bon navire! Il peut affronter les mers du Sud! Il peut faire le tour du monde, et il le fera, s'il le faut! Partons, Edward! Allons à la recherche du capitaine Grant!

LE DÉPART DU *DUNCAN*

Le départ fut fixé au 25 août, ce qui permettait au yacht d'arriver vers le commencement du printemps des latitudes australes.

Le 24 août, Glenarvan, Lady Helena, le major Mac Nabbs, Mary et Robert Grant, Mr. Olbinett, le steward du yacht, et sa femme Mrs. Olbinett, attachée au service de Lady Glenarvan, quittèrent Malcolm-Castle. Quelques heures plus tard, ils étaient installés à bord.

Le *Duncan* devait partir dans la nuit du 24 au 25 août, à la marée descendante de trois heures du matin.

A deux heures, le *Duncan* commença à frémir sous la trépidation de ses chaudières.

Bientôt le jusant se fit sentir; le *Duncan* lança dans les airs de vigoureux coups de sifflet, largua ses amarres, et se dégagea des navires environnants.

Une heure après, le *Duncan* rasa les rochers de Dumbarton: deux heures plus tard, il était dans le golfe de la Clyde; à six heures du matin, il doublait le mull de Cantyre, sortait du canal du Nord, et voguait en plein Océan.

LE PASSAGER DE LA CABINE NUMÉRO SIX

Le steward du yacht était un excellent maître d'hôtel, un Ecossais qui aurait mérité d'être Français pour son importance; d'ailleurs, remplissant ses fonctions avec zèle et intelligence. Il se rendit aux ordres de son maître.

—Olbinett, nous allons faire un tour avant déjeuner, dit Glenarvan, comme s'il se fût agi d'une promenade à Tabet ou au lac Katrine; j'espère que nous trouverons la table servie à notre retour.

Olbinett s'inclina gravement.

—Nous accompagnez-vous, major? dit Lady Helena.

—Si vous l'ordonnez, répondit Mac Nabbs.

—Oh! fit Lord Glenarvan, le major est absorbé dans les fumées de son cigare; il ne faut pas l'en arracher; car je vous le donne pour un intrépide fumeur, Miss Mary. Il fume toujours, même en dormant.

Mac Nabbs, demeuré seul, restait immobile, et regardait à l'arrière le sillage du yacht. Après quelques minutes d'une muette contemplation, il se retourna et se vit en face d'un nouveau personnage. Ce passager lui était absolument inconnu, cependant il ne sourcilla pas.

—Stewart! cria l'inconnu. Olbinett, qui passait à ce moment-là, fut saisi d'étonnement en s'entendant interpeler.

—Vous êtes le steward du bâtiment? lui demanda le passager.

—Oui, monsieur, répondit Olbinett, mais je n'ai pas l'honneur...

—Je suis le passager de la cabine numéro six.

—Numéro six? répéta le steward.

—Sans doute. Et vous vous nommez?...

—Olbinett.

—Bon, fit-il, il n'est pas encore huit heures. Eh bien, alors, Olbinett, un biscuit et un verre de sherry pour attendre, car je tombe d'inanition.

Comme il parlait ainsi, John Mangles parut à l'escalier de la dunette.

—Voici le capitaine, dit Olbinett.

—Ah! enchanté, s'écria l'inconnu, enchanté, capitaine Burton, de faire votre connaissance!

John Mangles ouvrait des yeux démesurés, regardant tantôt Olbinett, et tantôt ce nouveau venu.

—Maintenant, reprit celui-ci, la présentation est faite, mon cher capitaine, et nous voilà de vieux amis. Causons donc, et dites-moi si vous êtes content du *Scotia?*

—Qu'entendez-vous par le *Scotia?* dit enfin John Mangles.

—Mais le *Scotia* qui nous porte, un bon navire dont on m'a vanté les qualités physiques non moins que les qualités morales de son commandant, le brave capitaine Burton.

—Monsieur, reprit John Mangles, je ne suis pas le capitaine Burton.

—Ah! fit l'inconnu, c'est donc au second du *Scotia,* Mr. Burdness que je m'adresse en ce moment?

—Mr. Burdness? répondit John Mangles, qui commençait à soupçonner la vérité.

Lord Glenarvan, sa femme et Miss Grant remontèrent sur le pont. L'étranger les aperçut, et s'écria:

—Ah! des passagers! des passagères! Parfait. J'espère, monsieur Burdness, que vous allez me présenter...

—Lord Glenarvan, dit John Mangles.

—Monsieur, dit alors Glenarvan, à qui ai-je l'honneur de parler?

—A Jacques-Eliacin-François-Marie Paganel, secrétaire de la Société de Géographie de Paris.

D'OÙ VIENT ET OÙ VA JACQUES PAGANEL

Glenarvan tendit cordialement la main à son hôte inattendu.

—Et maintenant que nos présentations sont faites, ajouta-t-il, voulez-vous me permettre, monsieur Paganel, de vous adresser une question?

—Vingt questions, mylord, répondit Jacques Paganel; ce sera toujours un plaisir pour moi de m'entretenir avec vous.

—C'est avant-hier soir que vous êtes arrivé à bord de ce navire?

—Oui, mylord, avant-hier soir, à huit heures. J'ai sauté du Caledonian-railway dans un cab, et du cab dans le *Scotia*, où j'avais fait retenir de Paris la cabine numéro six. La nuit était sombre. Or, me sentant fatigué par trente heures de route, je me suis mis au lit incontinent, et j'ai consciencieusement dormi pendant trente-six heures, je vous prie de le croire.

Les auditeurs de Jacques Paganel savaient désormais à quoi s'en tenir sur sa présence à bord. Le voyageur français, se trompant de navire, s'était embarqué pendant que l'équipage du *Duncan* assistait à la cérémonie de Saint-Mungo.

—Ainsi, monsieur Paganel, dit Glenarvan, c'est Calcutta que vous avez choisi pour point de départ de vos voyages?

—Oui, mylord. Voir l'Inde est une idée que j'ai caressée pendant toute ma vie. J'ai des recommandations pour Lord Sommerset, le gouverneur général des Indes, et une mission de la Société de Géographie que je tiens à remplir.

—Monsieur Jacques Paganel, dit Lord Glenarvan, après un instant de silence, c'est là certainement un beau voyage et dont la science vous sera fort reconnaissante; mais je ne veux pas prolonger plus longtemps votre erreur, et, pour le moment du moins, vous devez renoncer au plaisir de visiter les Indes.

—Y renoncer! Et pourquoi?

—Parce que vous tournez le dos à la péninsule indienne.

—Comment! Le capitaine Burton...

—Je ne suis pas le capitaine Burton, répondit John Mangles.

—Mais le *Scotia*?

—Ce navire n'est pas le *Scotia*!

—Quelle plaisanterie! s'écria-t-il.

Mais en ce moment ses yeux rencontrèrent la roue du gouvernail qui portait ces deux mots en exergue: *"Duncan* Glasgow".

—Le *Duncan!* le *Duncan!* fit-il en poussant un véritable cri de désespoir.

Puis, dégringolant l'escalier de la dunette, il se précipita vers sa cabine.

Paganel, piteux et honteux, remonta sur la dunette, après s'être assuré de la présence de ses bagages à bord.

—Et ce *Duncan* va?... dit-il.

—En Amérique, monsieur Paganel.

—Et plus spécialement?...

—A Concepción.

—Au Chili! Au Chili! s'écria l'infortuné géographe! Et ma mission des Indes!

—Monsieur Paganel, dit alors Lady Helena, le *Duncan* va rapatrier des naufragés abandonnés sur la côte de la Patagonie, et il ne peut changer une si humaine destination...

En quelques minutes, le voyageur français fut mis au courant de la situation.

—Monsieur Paganel, nous accompagnez-vous? dit Lady Helena de sa voix la plus engageante.

—Madame, et ma mission?

—Considérez aussi, monsieur Paganel, reprit Lady Helena, que, dans cette entreprise, vous aurez le droit d'associer le nom de la France à celui de l'Ecosse.

—Oui, sans doute!

—Un géographe peut servir utilement notre expédition, et quoi de plus beau que de mettre la science au service de l'humanité?

La joie fut générale quand on connut la résolution de Paganel.

Le 25 septembre, le *Duncan* se trouvait à la hauteur du détroit de Magellan. Il s'y engagea sans hésiter.

Le *Duncan* suivait de capricieuses sinuosités en mêlant les tourbillons de sa fumée aux brumes déchirées par les rocs. Au cap Tamar, le détroit s'élargit; le yacht put prendre du champ pour tourner la côte accore des îles Narborough, et se rapprocha des rivages du sud. Enfin, trente-six heures après avoir embouqué le détroit, il vit surgir le rocher du cap Pilares sur l'extrême pointe de la Terre de la Désolation.

LE 37e PARALLÈLE

Huit jours après avoir doublé le cap Pilares, le *Duncan* donnait à pleine vapeur dans la baie de Talcahuano, magnifique estuaire long de douze milles et large de neuf. Quelque épave, un espar brisé, un bout de bois travaillé de la main des hommes, pouvaient mettre le *Duncan* sur les traces du naufrage; mais on ne vit rien, et le yacht, continuant sa route, mouilla dans le port de Talcahuano, quarante-deux jours après avoir quitté les eaux brumeuses de la Clyde.

Aussitôt Glenarvan fit mettre son canot à la mer, et, suivi de Paganel, il débarqua au pied de l'estacade. Le savant géographe, profitant de la circonstance, voulut se servir de la langue espagnole qu'il avait si consciencieusement étudiée; mais, à son grand étonnement, il ne put se faire comprendre des indigènes.

—C'est l'accent qui me manque, dit-il.

—Allons à la Douane, répondit Glenarvan.

Là, on lui apprit, au moyen de quelques mots d'anglais accompagnés de gestes expressifs, que le consul britannique résidait à Concepción. Glenarvan trouva aisément deux chevaux d'allure rapide et, peu de temps après, Paganel et lui franchissaient les murs de cette grande ville, due au génie entreprenant de Valdivia, le vaillant compagnon des Pizarre.

Jacques Paganel se rendit chez J. R. Bentock, esq., consul de Sa Majesté britannique. Ce personnage le reçut fort civilement et se chargea, lorsqu'il connut l'histoire du capitaine Grant, de prendre des informations sur tout le littoral.

Quant à la question de savoir si le trois-mâts *Britannia* avait fait côte vers le 37e parallèle le long des rivages chiliens ou araucaniens, elle fut résolue négativement. Les enquêtes les plus minutieuses faites chez les populations riveraines ne produisirent pas de résultat. Il fallut en conclure que le *Britannia* n'avait laissé aucune trace de son naufrage.

Jacques Paganel avait repris le document, et il le considérait avec une profonde attention, comme s'il eût voulu lui arracher de nouveaux secrets. Depuis une heure, il l'examinait ainsi, lorsque Glenarvan, l'interpellant, lui dit:

—Paganel! je m'en rapporte à votre sagacité.

—Mon avis est de chercher le 37e parallèle à l'endroit où il rencontre la côte américaine, et de le suivre sans s'écarter d'un demi-degré jusqu'au point où il se plonge dans l'Atlantique. Peut-être trouverons-nous sur son parcours les naufragés du *Britannia.*

Paganel étala sur la table une carte du Chili et des provinces argentines.

—Regardez, dit-il. Voici le Rio-Negro, voici le Rio-Colorado, voici leurs affluents coupés par le 37e degré de latitude, et qui tous ont pu servir au transport du document. Là, peut-être, au sein d'une tribu, aux mains d'Indiens sédentaires, nos amis attendent une intervention providentielle!

—Monsieur Paganel, demanda alors Lady Helena, vous pensez donc que si les naufragés sont tombés au pouvoir des Indiens, leur existence a été respectée?

—Si je le pense, madame! Mais les Indiens ne sont pas des anthropophages! Un Européen est un être utile dans ces contrées; les Indiens en connaissent la valeur, et ils le soignent comme un animal de prix.

—Eh bien, il n'y a plus à hésiter, dit Glenarvan, il faut partir, et partir sans retard. Quelle route devons-nous suivre?

—Une route facile et agréable, répondit Paganel. Un peu de montagnes en commençant, puis une pente douce sur le versant oriental des Andes, et enfin une plaine unie, gazonnée, sablée, un vrai jardin. Donc, mes chers amis, la route est droite. En trente jours nous l'aurons franchie, et nous serons arrivés avant le *Duncan* sur la côte orientale, pour peu que les vents d'aval retardent sa marche.

—Et comment composeriez-vous le personnel d'une pareille expédition? demanda Glenarvan.

—Le plus simplement possible. Il s'agit seulement de reconnaître la situation du capitaine Grant, et non de faire le coup de fusil avec les Indiens. Je crois que Lord Glenarvan, notre chef naturel; le major, qui ne voudra céder sa place à personne; votre serviteur, Jacques Paganel...

—Et moi! s'écria le jeune Grant.

—Robert! Robert! dit Mary.

—Et pourquoi pas? répondit Paganel. Les voyages forment la jeunesse. Donc, nous quatre, et trois marins du *Duncan...*

—Comment, dit John Mangles en s'adressant à son maître, Votre Honneur ne réclame pas pour moi?

—Mon cher John, répondit Glenarvan, nous laissons nos passagères à bord. Qui veillerait sur elles, si ce n'est le dévoué capitaine du *Duncan?*

Le départ fut fixé au 14 octobre.

A l'heure dite, chacun était prêt. Le *Duncan* était en mesure d'appareiller, et les branches de son hélice troublaient déjà les eaux limpides de Talcahuano. Glenarvan, Paganel, Mac Nabbs, Robert Grant, Tom Austin, Wilson, Mulrady, armés de carabines et de revolvers Colt, se préparèrent à quitter le bord. Guides et mulets les attendaient à l'extrémité de l'estacade.

—En avant! cria John Mangles à son mécanicien.

—En route! répondit Lord Glenarvan.

Et à l'instant même où les voyageurs, rendant la bride à leurs montures, suivaient le chemin du rivage, le *Duncan,* sous l'action de son hélice, reprenait à toute vapeur la route de l'Océan.

TRAVERSÉE DU CHILI

La troupe indigène organisée par Glenarvan se composait de trois hommes et d'un enfant. Le muletier-chef était un Anglais naturalisé dans ce pays depuis vingt ans.

Ce muletier-chef, ce ''capataz'', suivant la dénomination chilienne, était secondé par deux péons indigènes et un enfant de douze ans.

Glenarvan, en homme qui sait voyager et se conformer aux usages des divers pays, avait adopté le costume chilien pour lui et les siens. Paganel et Robert, deux enfants —un grand et un petit—, ne se sentirent pas de joie, quand ils introduisirent leur tête à travers le puncho national, vaste tartan percé d'un trou à son centre, et leurs jambes dans des bottes de cuir faites de la patte de derrière d'un jeune cheval.

Paganel, toujours distrait, faillit recevoir trois ou quatre ruades de son excellente monture au moment de l'enfourcher. Une fois en selle, son inséparable longue-vue en bandoulière, les pieds cramponnés aux étriers, il se confia à la sagacité de sa bête et n'eut pas lieu de s'en repentir. Quant au jeune Robert, il montra dès ses débuts de remarquables dispositions à devenir un excellent cavalier.

Quand le signal de halte fut donné par le capataz, les voyageurs arrivaient à la ville d'Arauco, située à l'extrémité sud de la baie, sans avoir abandonné la lisière écumeuse de l'Océan. Il fut décidé que la ville d'Arauco serait prise pour point de départ.

La petite troupe entra dans la ville pour y passer la nuit, et campa en pleine cour d'une auberge dont le confortable était encore à l'état rudimentaire.

Arauco est la capitale de l'Araucanie, un Etat long de cent cinquante lieues, large de trente, habité par les Molouches, ces fils aînés de la race chilienne chantés par le poète Ercilla.

Le lendemain, à huit heures, la petite troupe reprit à l'est la route du 37e parallèle. Deux rivières pendant cette journée barrèrent la route aux voyageurs: le rio de Raque et le rio de Tubal. Mais le capataz découvrit un gué qui permit de passer outre. La journée suivante, on marcha vivement, on franchit sans accident le rapide de Bell, et le soir, en campant sur les bords du rio Biobio, qui sépare le Chili espagnol du Chili indépendant, Glenarvan put encore inscrire trente-cinq milles de plus à l'actif de l'expédition.

Le 17, on repartit à l'heure habituelle et dans l'ordre accoutumé.

A cinq heures du soir, le capataz s'arrêtait dans une gorge peu profonde, à quelques milles au-dessus de la petite ville de Loja; et cette nuit-là, les voyageurs campèrent au pied des sierras, premiers échelons de la grande Cordillère.

À DOUZE MILLE PIEDS DANS LES AIRS

La traversée du Chili n'avait présenté jusqu'ici aucun incident grave. Mais alors ces obstacles et ces dangers que comporte un passage dans les montagnes s'offraient à la fois. La lutte avec les difficultés naturelles allait véritablement commencer.

Par quel passage pouvait-on franchir la chaîne des Andes, sans s'écarter de la route déterminée?

—Avez-vous un paso à nous proposer? demanda le major.

—Parfaitement, répondit Paganel, le paso d'Antuco, situé sur le penchant volcanique, par 37° 30', c'est-à-dire à un demi-degré près de notre route. Il se trouve à mille toises de hauteur seulement et a été reconnu par Zamudio de Cruz.

—Bon, fit Glenarvan, mais ce paso d'Antuco, le connaissez-vous, capataz?

—Oui, mylord, je l'ai traversé, et si je ne le proposais pas, c'est que c'est tout au plus une voie de bétail qui sert aux Indiens pasteurs des versants orientaux.

—Eh bien, mon ami, répondit Glenarvan, là où passent les troupeaux de juments, de moutons et de bœufs des Pehuenches, nous saurons passer aussi.

Le signal du départ fut aussitôt donné, et l'on s'enfonça dans la vallée de las Lejas, entre de grandes masses de calcaire cristallisé. A une heure, le fort Ballenare apparut sur un roc à pic qu'il couronnait de ses courtines démantelées.

Les mules avançaient prudemment, le nez à terre, flairant le chemin. On marchait en file.

Les approches du volcan d'Antuco se reconnaissaient à quelques traînées de lave d'une couleur ferrugineuse et hérissées de cristaux jaunes en forme d'aiguilles.

Le capataz, après avoir cherché vainement un passage, mit pied à terre, se croisa les bras, et attendit. Glenarvan vint à lui.

—Vous vous êtes égaré? demanda-t-il.

—Non, mylord, répondit le capataz.

—Cependant, nous ne sommes pas dans le passage d'Antuco?

—Nous y sommes.

—Vous ne vous trompez pas?

—Je ne me trompe pas. Voici les restes d'un feu qui a servi aux Indiens, et voilà les traces laissées par les troupeaux de juments et de moutons.

—Eh bien, on a passé par cette route!

—Oui, mais on n'y passera plus. Le dernier tremblement de terre l'a rendue impraticable...

—Aux mulets, répondit le major, mais non aux hommes.

—Ah! ceci vous regarde, répondit le capataz; j'ai fait ce que j'ai pu. Mes mules et moi, nous sommes prêts à retourner en arrière, s'il vous plaît de revenir sur vos pas et de chercher les autres passages de la Cordillère.

—Et ce sera un retard?...

—De trois jours, au moins.

Glenarvan se retourna vers ses compagnons, et leur dit:

—Voulez-vous passer quand même?

—Nous voulons vous suivre, répondit Tom Austin.

—Et même vous précéder, ajouta Paganel. De quoi s'agit-il, après tout? De franchir une chaîne de montagnes, dont les versants opposés offrent une descente incomparablement plus facile! Cela fait, nous trouverons les baqueanos argentins qui nous guideront à travers les Pampas, et des chevaux rapides habitués à galoper dans les plaines. En avant donc, et sans hésiter.

—En avant! s'écrièrent les compagnons de Glenarvan.

—Vous ne nous accompagnez pas? demanda celui-ci au capataz.

—Je suis conducteur de mules, répondit le muletier.

—A votre aise.

—On se passera de lui, dit Paganel; de l'autre côté de cette muraille, nous retrouverons les sentiers d'Antuco, et je me fais fort de vous conduire au bas de la montagne aussi directement que le meilleur guide des Cordillères.

Glenarvan régla donc le capataz, et le congédia, lui, ses péons et ses mules. Les armes, les instruments et quelques vivres furent répartis entre les sept voyageurs. Les difficultés furent grandes, mais, après deux heures de fatigues et de détours, Glenarvan et ses compagnons se retrouvèrent sur le passage d'Antuco.

Ils étaient alors dans la partie andine proprement dite.

On monta pendant toute la nuit; on se hissait à force de poignets sur des plateaux presque inaccessibles; on sautait des crevasses larges et profondes; les bras ajoutés aux bras remplaçaient les cordes, et les épaules servaient d'échelons.

Bientôt les chutes devinrent fréquentes, et ceux qui tombaient n'avançaient plus qu'en se traînant sur les genoux.

L'épuisement allait mettre un terme à cette ascension trop prolongée, et Glenarvan ne considérait pas sans terreur l'immensité des neiges, le froid dont elles imprégnaient cette région funeste, l'ombre qui montait vers ces cimes désolées, le défaut d'abri pour la nuit, quand le major l'arrêta, et d'un ton calme:

—Une hutte, dit-il.

DESCENTE DE LA CORDILLÈRE

—Voilà un gîte suffisant, dit Glenarvan, s'il n'est pas confortable. La Providence nous y a conduits, et nous ne pouvons faire moins que de l'en remercier.

—Comment donc, répondit Paganel, mais c'est un palais!

—Surtout quand un bon feu flambera dans l'âtre, dit Tom Austin.

Glenarvan, Paganel et Wilson sortirent de la "casucha". Il était six heures du soir.

Le bois manquait, il est vrai; heureusement, un lichen maigre et sec revêtait les rocs; on en fit une ample provision, ainsi que d'une certaine plante nommée "llaretta", dont la racine pouvait brûler suffisamment. Ce précieux combustible rapporté à la "casucha", on l'entassa dans le foyer. Le feu fut difficile à allumer et surtout à entretenir. L'air très raréfié ne fournissait plus assez d'oxygène à son alimentation; du moins ce fut la raison donnée par le major.

—En revanche, ajouta-t-il, l'eau n'aura pas besoin de cent degrés de chaleur pour bouillir; ceux qui aiment le café fait avec de l'eau à cent degrés seront forcés de s'en passer, car à cette hauteur l'ébullition se manifestera avant quatre-vingt-dix degrés[1].

Ce fut avec volupté que chacun but quelques gorgées de café brûlant; quant à la viande sèche, elle parut un peu insuffisante, ce qui provoca de la part de Paganel une réflexion aussi sensée qu'inutile.

—Parbleu, dit-il, il faut avouer qu'une grillade de lama ne serait pas à dédaigner!

—Comment! dit le major, vous n'êtes pas content de notre souper, savant Paganel?

Des hurlements lointains se firent entendre. Ils se prolongeaient longuement. C'étaient des cris d'un troupeau qui s'approchait avec rapidité. La Providence, après avoir fourni la cahute, voulait-elle donc offrir le souper?

Tous s'élancèrent hors de la "casucha". Les hurlements redoublaient. Soudain, une avalanche furieuse arriva, mais une avalanche d'êtres ani-

---

1. L'abaissement du point d'ébullition de l'eau est d'environ 1 degré pour 324 mètres d'élévation.

més et fous de terreur. Tout le plateau sembla s'agiter. Glenarvan, Mac Nabbs, Robert, Austin, les deux matelots, n'eurent que le temps de se jeter à terre, pendant que ce tourbillon vivant passait à quelques pieds au-dessus d'eux.

En ce moment la détonation d'une arme à feu éclata. Le major avait tiré au jugé. Il lui sembla qu'un animal tombait à quelques pas de lui.

A peine Paganel l'eut-il regardé, qu'il s'écria:

—C'est un guanaque!

—Qu'est-ce que c'est qu'un guanaque? demanda Glenarvan.

—Une bête qui se mange, répondit Paganel.

Cinq minutes après, Paganel déposa de larges tranches de venaison sur les charbons produits par la racine de llaretta. Dix minutes plus tard, il servit à ses compagnons cette viande fort appétissante sous le nom de "filets de guanaque". Personne ne fit de façons, et chacun y mordit à pleines dents.

Mais, à la grande stupéfaction du géographe, une grimace générale, accompagnée d'un "pouah" unanime, accueillit la première bouchée.

—J'y suis, s'écria-t-il! Eh parbleu! j'y suis, j'ai trouvé!

Le guanaque n'est bon que lorsqu'il a été tué au repos; si on le chasse longtemps, s'il fournit une longue course, sa chair n'est plus mangeable. Je puis donc affirmer au goût que cet animal venait de loin, et par conséquent le troupeau tout entier.

—Mais quel événement, quel phénomène a pu effrayer ainsi ces animaux et les chasser à l'heure où ils devraient être paisiblement endormis dans leur gîte?

—A cela, mon cher Glenarvan, dit Paganel, il m'est impossible de vous répondre. Si vous m'en croyez, allons dormir sans en chercher plus long.

Glenarvan ne dormit pas. De secrètes inquiétudes le tenaient dans un état de fatigante insomnie. Il songeait involontairement à ce troupeau fuyant dans une direction commune, à son effarement inexplicable!

A un certain moment, il crut surprendre des grondements éloignés, sourds, menaçants, comme les roulements d'un tonnerre qui ne viendrait pas du ciel.

Tout d'un coup, de violents fracas le remirent sur pied. Soudain Glenarvan sentit le sol manquer à ses pieds; il vit la "casucha" osciller et s'entrouvrir.

—Alerte! s'écria-t-il.

Ses compagnons, tous réveillés et renversés pêle-mêle, étaient entraînés sur une pente rapide.

—Un tremblement de terre! s'écria Paganel.

Cependant, ce plateau, auquel se cramponnaient sept hommes accrochés à des touffes de lichen, étourdis, épouvantés, glissait avec la rapidité d'un express, c'est-à-dire à une vitesse de cinquante milles à l'heure.

Ce que dura cette chute indescriptible, nul n'aurait pu l'évaluer.

Tout d'un coup, un choc d'une incomparable violence les arracha de leur glissant véhicule. Ils furent lancés en avant et roulèrent sur les derniers échelons de la montagne. Le plateau s'était arrêté net.

Pendant quelques minutes, nul ne bougea. Enfin, l'un se releva, étourdi du coup, mais ferme encore. Il secoua la poussière qui l'aveuglait, puis il regarda autour de lui. Ses compagnons étaient renversés les uns sur les autres.

Le major les compta. Tous, moins un, gisaient sur le sol. Celui qui manquait, c'était Robert Grant.

UN COUP DE FUSIL DE LA PROVIDENCE

Lord Glenarvan et ses compagnons, ranimés par les soins du major, revinrent peu à peu à la vie.

—Mes amis, mes amis, dit-il en retenant à peine ses larmes, il faut le chercher, il faut le retrouver! Nous ne pouvons l'abandonner ainsi! Pas une vallée, pas un précipice, pas un abîme qui ne doive être fouillé jusqu'au fond! On m'attachera par une corde! On m'y descendra! Je le veux, vous m'entendez! Je le veux! Fasse le Ciel que Robert respire encore! Sans lui, comment oserions-nous retrouver son père, et de quel droit sauver le capitaine Grant, si son salut a coûté la vie à son enfant!

Les six hommes, gravissant les pentes de la Cordillère, s'échelonnèrent sur sa croupe à diverses hauteurs et commencèrent leur exploration.

Vers une heure, Glenarvan et ses compagnons, brisés, anéantis, se retrouvaient au fond de la vallée. Glenarvan était en proie à une douleur violente; il parlait à peine, et de ses lèvres sortaient ces seuls mots entre-coupés de soupirs:

—Je ne m'en irai pas! Je ne m'en irai pas!

Pendant toute la nuit, le pauvre lord erra dans la montagne. Tantôt Paganel, tantôt le major le suivaient, prêts à lui porter secours sur les crêtes glissantes et au bord des gouffres où l'entraînait son inutile imprudence. Mais ses derniers efforts furent stériles, et à ces cris mille fois jetés de ''Robert!'' l'écho seul répondit en répétant ce nom regretté.

Le jour se leva. Il fallut chercher Glenarvan sur les plateaux éloignés et, malgré lui, le ramener au campement. Son désespoir était affreux. Mac Nabs dit à Glenarvan qu'il fallait partir.

—Oui! oui! répondit Glenarvan. Partons! Partons!

Mais, en parlant ainsi, ses yeux se détournaient de Mac Nabbs; son regard fixait un point noir dans les airs. Soudain, sa main se leva et demeura immobile comme si elle eût été pétrifiée.

—Là! Là, dit-il. Voyez! Voyez!

C'était un oiseau qui planait à une hauteur incommensurable.

—Un condor, dit Paganel.

—Oui, un condor, répondit Glenarvan. Qui sait? Il vient! Il descend! Attendons!

Qu'avait donc vu ce condor? Un cadavre, celui de Robert Grant! ''Qui sait?'' répétait Glenarvan, sans le perdre du regard.

Un cri d'horreur se fit entendre. Aux serres du condor un corps inanimé apparaissait suspendu et ballotté, celui de Robert Grant. L'oiseau l'enlevait par ses vêtements et se balançait dans les airs à moins de cent cinquante pieds au-dessus du campement; il avait aperçu les voyageurs, et, cherchant à s'enfuir avec sa lourde proie, il battait violemment de l'aile les couches atmosphériques.

—Ah! s'écria Glenarvan, que le cadavre de Robert se brise sur ces rocs, plutôt que de servir...

—Laissez-moi faire, dit le major.

Et l'œil calme, la main assurée, le corps immobile, il visa l'oiseau qui se trouvait déjà à trois cents pieds de lui.

Mais il n'avait pas encore pressé la gâchette de sa carabine, qu'une détonation retentit dans le fond de la vallée. Le condor, frappé à la tête, tomba peu à peu en tournoyant, soutenu par ses grandes ailes déployées qui formaient parachute. Il n'avait pas lâché sa proie, et ce fut avec une certaine lenteur qu'il s'affaissa sur le sol, à dix pas des berges du ruisseau.

—A nous! A nous! dit Glenarvan.

Et sans chercher d'où venait ce coup de fusil providentiel, il se précipita vers le condor. Ses compagnons le suivirent en courant.

Quand ils arrivèrent, l'oiseau était mort, et le corps de Robert disparaissait sous ses larges ailes. Glenarvan se jeta sur le cadavre de l'enfant, l'arracha aux serres de l'oiseau, l'étendit sur l'herbe, et pressa de son oreille la poitrine de ce corps inanimé.

—Il vit! Il vit encore!

En un instant, Robert fut dépouillé de ses vêtements, et sa figure baignée d'eau fraîche. Il fit un mouvement, il ouvrit les yeux, il regarda, il prononça quelques paroles, et ce fut pour dire:

—Ah! vous, mylord... mon père!...

Glenarvan ne put répondre; l'émotion l'étouffait, et, s'agenouillant, il pleura près de cet enfant si miraculeusement sauvé.

L'ESPAGNOL DE JACQUES PAGANEL

Après le sauvé, on pensa au sauveur. A cinquante pas du rio, un homme d'une stature très élevée se tenait immobile sur un des premiers échelons de la montagne.

Vêtu à la façon des Patagons des frontières, l'indigène portait un splendide manteau décoré d'arabesques rouges.

Le major, dès qu'il l'eut aperçu, le montra à Glenarvan, qui courut à lui. Le Patagon fit deux pas en avant. Glenarvan prit sa main et la serra dans les siennes. Il y avait dans le regard du lord une telle expression de gratitude, que l'indigène ne put s'y tromper. Il inclina doucement la tête, et prononça quelques paroles que ni le major ni son ami ne purent comprendre.

—*Español?*

Le Patagon remua la tête de haut en bas, mouvement alternatif qui a la même signification affirmative chez tous les peuples.

On appela Paganel. Le savant géographe fut mis au courant de la situation.

—Parfait, dit-il. Vos sois um homen de bem[1]*!*

L'indigène tendit l'oreille, et ne répondit rien.

—Il ne comprend pas, dit le géographe.

Et de nouveau Paganel recommença son compliment. Il obtint le même succès.

Il était évident que l'Indien ne comprenait pas, car il répondit, mais en espagnol:

—*No comprendo[2]*.

—Est-ce que, par hasard, vous auriez appris une autre langue, en croyant étudier...

—Major, vous allez un peu loin, dit Paganel d'un ton assez sec.

—Enfin, puisque vous ne comprenez pas! répondit Mac Nabbs.

—Je ne comprends pas, parce que cet indigène parle mal! répliqua le géographe, qui commençait à s'impatienter.

Voici le livre dans lequel je m'exerce journellement aux difficultés de la langue espagnole!

1. Vous êtes un brave homme.
2. Je ne comprends pas.

Le major prit le livre et le regarda:

—Eh bien, quel est cet ouvrage? demanda-t-il.

—Ce sont les *Lusiades,* répondit Paganel.

—Les *Lusiades!* s'écria Glenarvan.

—Oui, mon ami, les *Lusiades* du grand Camoëns, ni plus ni moins!

—Camoëns, répéta Glenarvan, mais, malheureux ami, Camoëns est un Portugais! C'est le portugais que vous apprenez depuis six semaines!

—Camoëns! *Lusiades!* portugais!...

Paganel ne put pas en dire davantage.

—Il n'en est pas moins vrai que nous sommes sans interprète, dit le major.

—Oh! ne vous désolez pas, répondit Paganel; le portugais et l'espagnol se ressemblent tellement que je m'y suis trompé; mais aussi, cette ressemblance me servira à réparer promptement mon erreur, et avant peu je veux remercier ce digne Patagon dans la langue qu'il parle si bien.

Paganel avait raison, car bientôt il put échanger quelques mots avec l'indigène; il apprit même que le Patagon se nommait Thalcave, mot qui dans la langue araucanienne signifie le Tonnant.

Ce surnom lui venait sans doute de son adresse à manier des armes à feu.

Mais ce dont Glenarvan se félicita particulièrement, ce fut d'apprendre que le Patagon était guide de son métier, et guide des Pampas.

LE RIO-COLORADO

Le lendemain 22 octobre, à huit heures, Thalcave donna le signal du départ.

Au moment de partir, il siffla d'une façon particulière. Aussitôt un magnifique cheval argentin, de superbe taille, sortit d'un petit bois peu éloigné, et se rendit à l'appel de son maître. Ce bel animal s'appelait ''Thaouka'', c'est-à-dire ''oiseau'' en langue patagone, et il méritait ce nom à juste titre.

Au pied même de la Cordillère commence la plaine des Pampas. Elle peut se diviser en trois parties. La première s'étend depuis la chaîne des Andes sur un espace de deux cent cinquante milles, couvert d'arbres peu élevés et de buissons. La seconde, large de quatre cent cinquante milles, est tapissée d'une herbe magnifique, et s'arrête à cent quatre-vingts milles de Buenos Aires. De ce point à la mer, le pas du voyageur foule d'immenses prairies de luzernes et de chardons. C'est la troisième partie des Pampas.

En sortant des gorges de la Cordillère, la troupe de Glenarvan rencontra d'abord une grande quantité de dunes de sable appelées ''medanos''.

On marcha rapidement et, vers six heures, les Cordillères, éloignées de quarante milles, présentaient un aspect noirâtre déjà perdu dans les brumes du soir.

Ils campèrent sur les bords du rapide Neuquem, un rio torrentueux aux eaux troubles, encaissé dans de hautes falaises rouges. Le Neuquem est nommé Ramid ou Comoe par certains géographes, et prend sa source au milieu de lacs que les Indiens seuls connaissent.

Le soir venu, une barre de nuages raya l'horizon du sud-ouest, symptôme assuré d'un changement de temps. Le Patagon ne pouvait s'y méprendre, et du doigt il indiqua au géographe la zone occidentale du ciel.

—Bon! je sais, dit Paganel. Nous allons avoir un coup de pampero.

Et il expliqua que ce pampero est fréquent dans les plaines argentines. C'est un vent du sud-ouest très sec. Pendant la nuit, le pampero souffla avec une grande force. Les chevaux se couchèrent sur le sol, et les hommes s'étendirent près d'eux en groupe serré. Glenarvan craignait d'être retardé si cet ouragan se prolongeait; mais Paganel le rassura:

—Le baromètre remonte; on en est quitte pour quelques heures de rafales furieuses.

A une heure du matin, le vent tomba subitement, et chacun put trouver dans le sommeil un repos réparateur. Le lendemain, on se levait frais et dispos.

Ce jour était le vingt-quatrième d'octobre, et le dixième depuis le départ de Talcahuano.

Lord Glenarvan guettait avec une scrupuleuse attention l'approche des indigènes. Il voulait les interroger au sujet du capitaine Grant par l'intermédiaire du Patagon, avec lequel Paganel, d'ailleurs, commençait à s'entretenir suffisamment.

Plusieurs fois la route suivie par l'expédition coupa des sentiers de la Pampa, entre autres une route assez importante, celle de Carmen à Mendoza.

Le lendemain 25 octobre, les voyageurs reprirent avec une animation nouvelle la route de l'est. La plaine, toujours triste et monotone, formait un de ces espaces sans fin qui se nomment ''travesías'' dans la langue du pays.

Le 26, la journée fut fatigante. Il s'agissait de gagner le Rio-Colorado.

Pendant les deux journées suivantes, celles du 27 et du 28 octobre, le voyage s'accomplit sans incidents. Le soir, les chevaux s'arrêtèrent au bord d'un vaste lac, aux eaux fortement minéralisées, l'Ure-Lanquem, nommé ''Lac amer'' par les Indiens.

LES PAMPAS

La Pampasie argentine s'étend du 34e au 40e degré de latitude australe. Le mot ''Pampa'', d'origine araucanienne, signifie ''plaine d'herbes'', et s'applique justement à cette région.

On partit dès l'aube, vérification faite de la route.

Pendant cette journée du 29 octobre, la plaine se déroula devant les voyageurs avec son uniformité infinie. Vers deux heures, de longues traces d'animaux se rencontrèrent sous les pieds des chevaux.

Le soir, on s'arrêta près d'un ''rancho'' abandonné, un entrelacement de branchages mastiqués de boue et recouverts de chaume.

A quelques pas du rancho était creusé un trou qui servait de cuisine et contenait des cendres refroidies. A l'intérieur, il y avait une bouilloire à maté. Le maté est une boisson fort en usage dans l'Amérique du Sud. C'est le thé des Indiens. A la demande de Paganel, Thalcave prépara quelques tasses de ce breuvage.

Le lendemain, 30 octobre, le soleil se leva dans une brume ardente et versa sur le sol ses rayons les plus chauds. Cependant, on reprit courageusement la route de l'est.

Paganel expliquait à Glenarvan un fait sur lequel celui-ci venait d'attirer son attention.

Depuis quelque temps, l'atmosphère semblait être imprégnée d'une odeur de fumée. Bientôt cette odeur d'herbe brûlée devint si forte qu'elle étonna les voyageurs, moins Paganel et Thalcave. Le géographe fit à ses amis la réponse suivante:

—Nous ne voyons pas le feu, dit-il, et nous sentons la fumée. Or, pas de fumée sans feu, et le proverbe est vrai en Amérique comme en Europe. Il y a donc un feu quelque part. Seulement, ces Pampas sont si unies que rien n'y gêne les courants de l'atmosphère, et l'on y sent souvent l'odeur d'herbes qui brûlent à une distance de près de soixante-quinze milles[1].

—Qui met le feu aux prairies? demanda Robert.

—Quelquefois la foudre, quand l'herbe est desséchée par les chaleurs; quelquefois aussi la main des Indiens. Ils prétendent qu'après un incen-

1. Cent vingt kilomètres.

die des Pampas les graminées y poussent mieux. Ce serait alors un moyen de revivifier le sol par l'action des cendres. Pour mon compte, je crois plutôt que ces incendies sont destinés à détruire des milliards d'ixodes, sorte d'insectes parasites qui incommodent particulièrement les troupeaux.

Les chevaux haletaient sous l'influence de cette température tropicale.

Wilson avait dit que la provision d'eau ne manquerait pas, il comptait sans la soif inextinguible qui dévora ses compagnons pendant cette journée; quand il avait ajouté que l'on rencontrerait quelque rio sur la route, il s'était trop avancé. En voyant les symptômes de sécheresse s'accroître de mille en mille, Paganel fit quelques observations à Thalcave, et lui demanda où il comptait trouver de l'eau.

—Au lac Salinas, répondit l'Indien.

—Et quand y arriverons-nous?

—Demain soir.

Il fallut donc se rationner, et si l'on ne souffrit pas absolument de l'irritant besoin de boire, personne, du moins, ne put étancher complètement sa soif.

Thalcave, ayant poussé une pointe en avant, signala les barrancas du lac tant désiré. Un quart d'heure après, la petite troupe descendait les berges su Salinas. Mais là l'attendait une grave déception. Le lac était à sec.

À LA RECHERCHE D'UNE AIGUADE

Le lac Salinas termine le chapelet de lagunes qui se rattachent aux sierras Ventana et Guamini.

La soif commençait à se faire cruellement sentir. Un "roukah", sorte de tente de cuir dressée dans un pli de terrain et abandonnée des indigènes, servit de retraite aux voyageurs épuisés.

Lorsque chacun eut pris place dans le roukah, Paganel interrogea Thalcave et lui demanda son avis sur ce qu'il convenait de faire. Une conversation rapide, dont Glenarvan saisit quelques mots, cependant, s'établit entre le géographe et l'Indien.

—Qu'a-t-il dit? demanda Glenarvan. J'ai cru comprendre qu'il conseillait de nous séparer.

—Oui, en deux troupes, répondit Paganel. Ceux de nous dont les chevaux, accablés de fatigue et de soif, peuvent à peine mettre un pied devant l'autre, continueront tant bien que mal la route du 37e parallèle. Les mieux montés, au contraire, iront reconnaître la rivière Guamini, qui se jette dans le lac San-Lucas, à trente et un milles[1] d'ici. Si l'eau s'y trouve en quantité suffisante, ils attendront leurs compagnons sur les bords de la Guamini. Si l'eau manque, ils reviendront au-devant d'eux pour leur épargner un voyage inutile.

—L'avis est bon, répondit Glenarvan, et nous le suivrons sans retard. Mon cheval n'a pas encore trop souffert du manque d'eau, et j'offre d'accompagner Thalcave.

—Oh! mylord, emmenez-moi, dit Robert.

—Viens donc, mon garçon, dit Glenarvan, enchanté de ne pas se séparer de Robert. A nous trois, ajouta-t-il, nous serons bien maladroits si nous ne découvrons pas quelque aiguade fraîche et limpide.

Le lendemain, à six heures, les chevaux de Thalcave, de Glenarvan et de Robert Grant furent sellés; on leur fit boire la dernière ration d'eau, et ils l'avalèrent avec plus d'envie que de satisfaction, car elle était très nauséabonde. Puis les trois cavaliers se mirent en selle.

Le "desierto de las Salinas", qu'ils traversaient alors, est une plaine argileuse, couverte d'arbustes rabougris hauts de dix pieds, de petites

1. Cinquante kilomètres.

mimosées que les Indiens appellent ''curra-mammel'', et de ''jumes'', arbustes buissonneux, riches en soude.

On prit donc une allure rapide, mais il fut bientôt évident que, Thaouka excepté, les chevaux ne pourraient longtemps la soutenir.

Thalcave aurait bien été en avant, car, en quelques heures, Thaouka pouvait le transporter aux bords du rio. Il y songea sans doute; mais, sans doute aussi, il ne voulut pas laisser ses deux compagnons seuls au milieu de ce désert, et, pour ne pas les devancer, il força Thaouka de prendre une allure plus modérée.

Thaouka se rendit à ses arguments et obéit, non sans ronger son frein.

Thaouka, servi par des organes supérieurs, sentait quelque humidité dans l'air.

Le Patagon encouragea ses compagnons en interprétant les impatiences de Thaouka. Ils firent un dernier effort, et galopèrent à la suite de l'Indien.

Vers trois heures, une ligne blanche apparut dans un pli de terrain. Elle tremblotait sous les rayons du soleil.

—L'eau! dit Glenarvan. L'eau, oui, l'eau! s'écria Robert.

En quelques minutes les bêtes eurent atteint le rio de Guamini, et, toutes harnachées, se précipitèrent jusqu'au poitrail dans ses eaux bienfaisantes.

—Enfin, dit Glenarvan, nos amis ne seront pas déçus dans leur espérance; ils sont assurés, en arrivant à Guamini, de trouver une eau limpide et abondante. En calculant le temps nécessaire, et en comptant sur des chevaux qui ne marchent qu'au pas, nos amis seront ici dans la nuit. Préparons-leur donc bon gîte et bon repas.

Thalcave n'avait pas attendu la proposition de Glenarvan pour chercher un lieu de campement. Il avait fort heureusement trouvé sur les bords du rio une ''ramada'', sorte d'enceinte destinée à parquer les troupeaux et fermée sur trois côtés.

—Eh bien, puisque voilà le gîte, dit Glenarvan, pensons au souper. Il faut que nos amis soient satisfaits des courriers qu'ils ont envoyés en avant, et je me trompe fort, ou ils n'auront pas à se plaindre. Je crois qu'une heure de chasse ne sera pas du temps perdu.

Les chasseurs n'avaient que quelques pas à faire pour se trouver dans le pays le plus giboyeux du monde.

Ils se mirent donc en chasse, et, dédaignant d'abord la plume pour le poil, leurs premiers coups s'adressèrent au gros gibier de la Pampa.

En moins d'une demi-heure, les chasseurs, sans se fatiguer, abattirent tout le gibier dont ils avaient besoin.

Les trois chasseurs se contentèrent, pour le souper, de dévorer les bartavelles, et ils gardèrent à leurs amis les pièces de résistance.

Les chevaux n'avaient pas été oubliés. Une grande quantité de fourrage sec, amassé dans la ramada, leur servit à la fois de nourriture et de litière. Quand tout fut préparé, Glenarvan, Robert et l'Indien s'enveloppèrent de leur poncho, et s'étendirent sur un édredron d'alfafares, le lit habituel des chasseurs pampéens.

Glenarvan, Robert et Thalcave avaient subi la loi commune. Allongés sur l'épaisse couche de luzerne, ils dormaient d'un profond sommeil.

Les chevaux, accablés de lassitude, s'étaient couchés à terre; seul, Thaouka, en vrai cheval de sang, dormait debout.

Vers dix heures environ, après un assez court sommeil, l'Indien se réveilla. Ses yeux devinrent fixes sous ses sourcils abaissés, et son oreille se tendit vers la plaine.

Une heure se passa. Tout autre que Thalcave, rassuré par le silence extérieur, se fût rejeté sur sa couche. Mais où un étranger n'eût rien soupçonné, les sens surexcités et l'instinct naturel de l'Indien pressentaient quelque danger prochain.

Pendant qu'il écoutait et épiait, Thaouka fit entendre un hennissement sourd. Le Patagon se redressa soudain.

Thalcave entrevit des ombres se mouvant sans bruit à travers les touffes de curra-mammel. Çà et là étincelaient des points lumineux, qui se croisaient dans tous les sens, s'éteignaient et se rallumaient tour à tour.

Thalcave comprit à quels ennnemis il avait affaire; il arma sa carabine, et vint se placer en observation près des premiers poteaux de l'enceinte.

Il n'attendit pas longtemps. Un cri étrange, un mélange d'aboiements et de hurlements retentit dans la Pampa. La détonation de la carabine lui répondit, et fut suivie de cent clameurs épouvantables.

Glenarvan et Robert, subitement réveillés, se relevèrent.

—Des Indiens? dit Glenarvan.

—Non, répondit Thalcave, des ''aguaras''.

Robert regarda Glenarvan.

—Des ''aguaras''? dit-il.

—Oui, répondit Glenarvan, les loups-rouges de la Pampa.

Lorsque le Patagon prononça le mot ''aguara'', Glenarvan reconnut aussitôt le nom donné au loup-rouge par les Indiens de la Pampa. Ce carnassier, le ''canis-jubatus'' des naturalistes, à la taille d'un grand chien et la tête d'un renard.

Aux hurlements dont retentissait la Pampa, à la multitude des ombres qui bondissaient dans la plaine, Glenarvan ne pouvait se méprendre sur la quantité de loups-rouges rassemblés au bord de la Guamini; ces animaux avaient senti là une proie sûre, chair de cheval ou chair humaine, et nul d'entre eux ne regagnerait son gîte sans en avoir eu sa part. La situation était donc très alarmante.

Glenarvan, sur un signe de l'Indien, prit sa place; celui-ci, ramassant la litière, les herbes, en un mot toutes les matières combustibles, les entassa à l'entrée de la ramada, et y jeta un charbon encore incandescent. Bientôt un rideau de flammes se tendit sur le fond noir du ciel.

Au bout d'une heure, une quinzaine de cadavres jonchaient déjà la prairie.

Glenarvan, après avoir froidement envisagé la situation, résolut d'en finir.

—Dans une heure, dit-il, nous n'aurons plus ni poudre, ni plomb, ni feu. Eh bien, il ne faut pas attendre à ce moment pour prendre un parti.

Les moyens de défense allaient manquer. Vers deux heures du matin, Thalcave jetait dans le brasier la dernière brassée de combustible, et il ne restait plus aux assiégés que cinq coups à tirer.

Thalcave, après avoir tourné comme une bête fauve dans la ramada, s'était brusquement rapproché de son cheval qui frémissait d'impatience, et il commença à le seller avec soin, n'oubliant ni une courroie, ni un ardillon. Il ne semblait plus s'inquiéter des hurlements qui redoublaient alors.

Glenarvan, au moment où l'Indien saisissait la crinière de son cheval, lui prit le bras d'une main convulsive.

—Tu pars? dit-il en montrant la plaine libre alors.

—Oui, fit l'Indien, qui comprit le geste de son compagnon.

Puis il ajouta quelques mots espagnols qui signifiaient:

—Thaouka! Bon cheval. Rapide. Entraînera les loups à sa suite.

—Ah! Thalcave! s'écria Glenarvan.

—Robert! Mon enfant! Tu l'entends! Il veut se dévouer pour nous! Il veut s'élancer dans la Pampa, et détourner la rage des loups en l'attirant sur lui!

Thaouka bondissait; il se dressait sur ses pieds de derrière, et tout d'un coup, emporté, il franchit la barrière de feu et la lisière de cadavres, tandis qu'une voix d'enfant s'écriait:

—Dieu vous sauve, mylord!

Et c'est à peine si Glenarvan et Thalcave eurent le temps d'apercevoir Robert qui, cramponné à la crinière de Thaouka, disparaissait dans les ténèbres.

Glenarvan tomba sur le sol, accablé, désespéré, joignant les mains. Il regarda Thalcave. L'Indien souriait avec son calme accoutumé.

—Thaouka. Bon cheval! Enfant brave! Il se sauvera! répétait-il en approuvant d'un signe de la tête.

A quatre heures du matin, l'aube commença à poindre.

Le moment de partir était arrivé.

—En route, dit l'Indien.

Bientôt les deux cavaliers galopaient vers l'ouest, remontant la ligne droite dont leurs compagnons ne devaient pas s'écarter.

Enfin des coups de fusil se firent entendre, des détonations régulièrement espacées, comme un signal de reconnaissance.

—Ce sont eux, s'écria Glenarvan.

Quelques instants après, ils rejoignirent le détachement conduit par Paganel. Un cri s'échappa de la poitrine de Glenarvan. Robert était là, vivant, bien vivant, porté par le superbe Thaouka, qui hennit de plaisir en revoyant son maître.

Glenarvan disait à Robert en l'entourant de ses bras:

—Pourquoi, mon fils, pourquoi n'as-tu pas laissé Thalcave ou moi tenter cette dernière chance de te sauver?

—Thalcave m'a déjà sauvé la vie! Et vous, vous allez sauver mon père.

LES PLAINES ARGENTINES

Bientôt les voyageurs, abondamment rafraîchis, se livrèrent à un déjeuner phénoménal dans l'enceinte de la ramada.

A dix heures du matin, Glenarvan donna le signal du départ. Les outres de cuir furent remplies d'eau, et l'on partit. Nul incident ne se produisit pendant les journées du 2 et du 3 novembre.

Le lendemain matin, on dépassa la ligne conventionnelle qui sépare les plaines argentines de la région des Pampas.

Paganel s'entretint pendant quelques minutes avec le Patagon et, se retournant vers Glenarvan:

—Thalcave, lui dit-il, s'étonne d'un fait qui est véritablement bizarre.

—Lequel?

—C'est de ne rencontrer ni Indiens ni traces d'Indiens dans ces plaines, qui sont ordinairement sillonnées de leurs bandes, soit qu'ils chassent devant eux le bétail volé aux estancias, soit qu'ils aillent jusqu'aux Andes vendre leurs tapis de zorillo et leurs fouets en cuir tressé.

—Mais quels Indiens comptait-il trouver dans cette partie des Pampas?

—Précisément ceux qui ont eu des prisonniers étrangers entre leurs mains.

Il faut continuer notre route à l'est jusqu'au fort Indépendance, c'est notre chemin, et là, si nous n'avons pas de nouvelles du capitaine Grant, nous saurons du moins ce que sont devenus les Indiens de la plaine Argentine.

—Et nous y arriverons?...

—Après-demain soir.

Glenarvan fut assez déconcerté de cet incident. Ne pas trouver un Indien dans les Pampas, c'était à quoi on se fût le moins attendu. Il y en a trop ordinairement. Il fallait donc qu'une circonstance toute spéciale les eût écartés.

Vers quatre heures du soir, une colline fut signalée à l'horizon. C'était la sierra Tapalquem, au pied de laquelle les voyageurs campèrent la nuit suivante.

Le passage de cette sierra se fit le lendemain le plus facilement du monde. A midi, on dépassait le fort abandonné de Tapalquem. Mais d'Indiens, on n'en rencontra pas l'ombre, à la surprise croissante de Thalcave.

D'après les ordres de Thalcave, on marchait en peloton serré. Le soir même on campait dans une vaste ''tolderia'' abandonnée, où le cacique Catriel réunissait ordinairement ses bandes d'indigènes.

Le lendemain, Glenarvan et ses compagnons se retrouvaient dans la plaine.

Thalcave pressait la marche; il voulait arriver le soir même au fort Indépendance. On rencontra plusieurs fermes crénelées et défendues par des fossés profonds. On ne s'arrêta pas. On passa à gué le rio de los Huesos, et, quelques milles plus loin, le Chapaléofu. Bientôt la sierra Tandil offrit au pied des chevaux le talus gazonné de ses premières pentes, et, une heure après, le village apparut au fond d'une gorge étroite, dominée par les murs crénelés du fort Indépendance.

LE FORT INDÉPENDANCE

Le district de Tandil, auquel la Sierra de Tandil a donné son nom, comprend tout le sud de la province de Buenos Aires.

Ce district renferme environ quatre mille habitants, et son chef-lieu est le village de Tandil. Particularité singulière et que ne pouvait ignorer Paganel, ce village est spécialement peuplé de Basques français et de colons italiens.

Ce village de Tandil, au moyen de ses ''galeras'', grandes charrettes à bœufs très propres à suivre les routes de la plaine, communique en douze jours avec Buenos Aires; de là un commerce assez actif: le village envoie à la ville le bétail de ses estancias, les salaisons de ses saladeros, et les produits très curieux de l'industrie indienne, tels que les étoffes de coton, les tissus de laine, les ouvrages si recherchés des tresseurs de cuir, etc.

Paganel, après avoir donné ces détails, ajouta que les renseignements ne pourraient manquer au village de Tandil. Glenarvan fit donc mettre les chevaux à l'écurie d'une ''fonda'' d'assez bonne apparence; puis Paganel, le major, Robert et lui, sous la conduite de Thalcave, se dirigèrent vers le fort Indépendance. Ils arrivèrent à la poterne, assez négligemment gardée par une sentinelle argentine.

Quelques instants après, le commandant parut en personne. C'était un homme de cinquante ans.

Thalcave, s'adressant au commandant, lui présenta Lord Glenarvan et ses compagnons. Pendant qu'il parlait, le commandant ne cessait de dévisager Paganel.

Il lui prit la main sans façon, et dit d'une voix joyeuse dans la langue du géographe:

—Un Français?

—Oui! Un Français! répondit Paganel.

—Ah! Enchanté! Bienvenu! Bienvenu! Suis Français aussi, répéta le commandant en secouant le bras du savant avec une vigueur inquiétante.

Le commandant du fort Indépendance était un sergent français, qui se nommait Manuel Ipharaguerre.

Paganel, prenant la parole en français, lui raconta tout ce voyage à travers les Pampas et termina en demandant la raison pour laquelle les Indiens avaient abandonné le pays.

—Ah!... personne!... répondit le sergent en haussant les épaules. Effectivement!... personne!... nous autres, bras croisés... rien à faire!

—Mais pourquoi?

—Guerre civile...

—Guerre civile?... reprit Paganel, qui, sans y prendre garde, se mettait à "parler nègre".

—Oui, guerre entre Paraguayens et Buenos-Airiens, répondit le sergent.

Une question importante pouvait encore être posée au sergent, et ce fut le major qui songea à la faire pendant que ses amis se regardaient en silence.

—Le sergent avait-il entendu dire que des Européens fussent retenus prisonniers par les caciques de la Pampa?

Manuel réfléchit pendant quelques instants.

—Oui, dit-il enfin. Il s'agissait de deux hommes.

—Deux? dit Glenarvan très surpris. Deux Anglais?

—Non pas, répondit le sergent. Qui parle d'Anglais? Non... un Français et un Italien.

—Mes amis, répondit Paganel, nous avons suivi une fausse piste! Il ne s'agit point ici du capitaine, mais d'un de mes compatriotes, dont le compagnon, Marco Vazello, fut effectivement assassiné par les Poyuches, d'un Français qui plusieurs fois accompagna ces cruels Indiens jusqu'aux rives du Colorado, et qui, après s'être heureusement échappé de leurs mains, a revu la France. En croyant suivre les traces d'Harry Grant, nous sommes tombés sur celles du jeune Guinnard[1].

Glenarvan, après cette réponse formelle, n'avait rien à faire au fort Indépendance. Ses amis et lui se retirèrent donc, non sans avoir remercié le sergent et échangé quelques poignées de main avec lui.

On rentra à la fonda.

Il n'y avait plus qu'un parti à prendre: rejoindre, et sans tarder, le *Duncan,* rendez-vous assigné de la pointe Medano.

Cependant, Paganel avait demandé à Glenarvan le document sur la foi duquel leurs recherches s'étaient si malheureusement égarées. Il cherchait à lui arracher une interprétation nouvelle.

—Ce document est pourtant bien clair! répétait Glenarvan. Il s'explique de la manière la plus catégorique sur le naufrage du capitaine et sur le lieu de sa captivité!

—Eh bien, non! répondit le géographe. Puisque Harry Grant n'est pas dans les Pampas, il n'est pas en Amérique. Or, où il est, ce document doit le dire, et il le dira, mes amis, ou je ne suis plus Jacques Paganel!

1. M. A. Guinnard fut, en effet, prisonnier des Indiens-Poyuches pendant trois années, de 1856 à 1859. Il supporta avec un courage extrême les terribles épreuves auxquelles il fut soumis, et parvint enfin à s'échapper en traversant les Andes au défilé d'Upsallata. Il revit la France en 1861, et est maintenant l'un des collègues de l'honorable Paganel à la Société de Géographie.

LA CRUE

La petite troupe, à huit heures du matin, descendait les croupes gazonnées de la sierra Tandil.

Paganel, agacé par la difficulté, retournait de toutes les façons les mots du document pour en tirer un enseignement nouveau.

Vers midi, les voyageurs avaient franchi la sierra Tandil et retrouvaient les plaines largement ondulées qui s'étendent jusqu'à la mer.

Le temps jusqu'alors avait été beau. Mais le ciel, ce jour-là, prit un aspect peu rassurant. Cependant, les larges nues ne crevèrent pas.

Le lendemain, à mesure que la plaine s'abaissait, la présence des eaux souterraines se trahit plus sensiblement encore. Bientôt de larges étangs, les uns déjà profonds, les autres commençant à se former, coupèrent la route de l'est. Tant qu'il ne s'agit que de ''lagunas'', amas d'eau bien circonscrits et libres de plantes aquatiques, les chevaux purent aisément s'en tirer; mais avec ces bourbiers mouvants nommés ''pantanos'', ce fut plus difficile; de hautes herbes les obstruaient, et pour reconnaître le péril, il fallait y être engagé.

—Qu'y a-t-il à faire? demanda Paganel au Patagon.

—Marcher vite, répondit l'Indien.

Les chevaux se fatiguaient promptement à fouler un sol qui fuyait sous eux. Il importait donc de franchir sans retard ces terrains en contrebas qu'une inondation eût immédiatement transformés en lac.

On hâta le pas. Vers deux heures, les cataractes du ciel s'ouvrirent, et des torrents d'une pluie tropicale se précipitèrent sur la plaine.

Trempés, transis et brisés de fatigue, ils arrivèrent le soir à un rancho fort misérable.

Paganel, consultant sa carte, pensa, non sans raison, que les rios Grande et Vivarota, où se drainent habituellement les eaux de cette plaine, devaient s'être confondus dans un lit large de plusieurs milles.

Une extrême vitesse de marche devint alors nécessaire. Il s'agissait du salut commun.

Tout d'un coup, vers dix heures du matin, Thaouka donna les signes d'une extrême agitation.

—Qu'a donc Thaouka? demanda Paganel.

—Il a senti le danger.

Un murmure sourd, pareil au bruit d'une marée montante, se faisait entendre au-delà des limites de l'horizon.

—La crue! La crue! dit Thalcave en éperonnant son cheval qu'il lança dans la direction du nord.

—L'inondation! s'écria Paganel; et ses compagnons, lui en tête, volèrent sur les traces de Thaouka.

Glenarvan regardait souvent en arrière.

—L'eau nous gagne, pensait-il.

Et l'on pressait encore les malheureuses bêtes. Cependant, les chevaux, noyés jusqu'au poitrail, n'avançaient plus qu'avec une extrême difficulté. Glenarvan, Paganel, Austin, tous se crurent perdus et voués à cette mort horrible des malheureux abandonnés en mer.

Tout salut semblait impossible, quand la voix du major se fit entendre.

—Un arbre, dit-il.

Cet arbre qui s'offrait si inopinément à eux, il fallait le gagner à tout prix. Les chevaux ne l'atteindraient pas sans doute, mais les hommes, du moins, pouvaient être sauvés. Une vague haute de quarante pieds déferla sur les fugitifs.

Les chevaux, sauf Thaouka portant son maître, avaient pour jamais disparu.

Robert, accroché à la crinière de Thaouka, se laissait emporter avec lui.

L'arbre n'était plus qu'à vingt brasses. En quelques instants, il fut atteint par la troupe entière. Heureusement, car, ce refuge manqué, toute chance de salut s'évanouissait, et il fallait périr dans les flots.

Thalcave, abandonnant son cheval et hissant Robert, grimpa le premier et bientôt ses bras puissants eurent mis en lieu sûr les nageurs épuisés. Mais Thaouka, entraîné par le courant, s'éloignait rapidement.

—Tu l'abandonnes! dit Paganel à Thalcave.

—Moi! s'écria l'Indien.

Et plongeant dans les eaux torrentueuses, il reparut à dix brasses de l'arbre. Quelques instants après, son bras s'appuyait au cou de Thaouka, et cheval et cavalier dérivaient ensemble vers le brumeux horizon du nord.

OÙ L'ON MÈNE LA VIE DES OISEAUX

L'arbre sur lequel Glenarvan et ses compagnons venaient de trouver refuge ressemblait à un noyer; c'était un "ombu".

Cet arbre au tronc tortueux et énorme est fixé au sol non seulement par ses grosses racines, mais encore par des rejetons vigoureux qui l'y attachent de la plus tenace façon.

Tel était l'asile offert à la petite troupe de Glenarvan. Le jeune Grant et l'agile Wilson, à peine juchés dans l'arbre, se hâtèrent de grimper jusqu'à ses branches supérieures.

—Et maintenant, qu'allons-nous faire? dit Glenarvan.

—Faire notre nid, parbleu! répondit gaiement Paganel.

—Bien! dit Glenarvan, mais qui nous donnera la becquée?

—Moi, répondit le major.

Tous les regards se portèrent sur Mac Nabbs.

—Et que contiennent les alforjas[1]? demanda Tom Austin.

—La nourriture de sept hommes pendant deux jours, répondit Mac Nabbs.

—Notre premier devoir est donc de déjeuner, dit Glenarvan.

—Il ne nous manque que des armes, dit Tom Austin.

—J'ai mes revolvers, dit Glenarvan.

—Et moi, les miens, répondit Robert.

On causa alors, mais non plus de la situation présente, qu'il fallait supporter avec patience. On en revint à ce thème inépuisable du capitaine Grant.

—Ecoutez-moi, mes amis, reprit Glenarvan après quelques instants de réflexion, et entends bien, Robert, car ceci est une grave discussion. Devons-nous abandonner définitivement et dès à présent nos recherches sur le continent américain?

—Mon cher Edward, répondit Mac Nabbs, je désire savoir quelles sont les contrées que traverse le 37e degré de latitude australe.

—Cela, c'est l'affaire de Paganel, répondit Glenarvan.

—Interrogeons-le donc, répliqua le major.

—Paganel! Paganel! s'écria Glenarvan. Pouvez-vous descendre un instant?

1. Les alforjas sont des besaces.

—Vous avez besoin de moi?

—Oui.

—Quels pays traverse le 37ᵉ parallèle?

—Rien de plus aisé, répondit Paganel; inutile même de me déranger pour vous le dire. Voilà. En quittant l'Amérique, le 37ᵉ parallèle sud traverse l'océan Atlantique. Il rencontre les îles Tristan d'Acunha. Il passe à deux degrés au-dessous du cap de Bonne-Espérance. Il court à travers la mer des Indes. Il effleure l'île Saint-Pierre du groupe des îles Amsterdam. Il coupe l'Australie par la province de Victoria. En sortant de l'Australie...

Cette dernière phrase ne fut pas achevée. Un long corps apparut. Paganel dégringolait de branche en branche.

Le major, d'un bras vigoureux, l'arrêta au passage.

—Nous nous sommes trompés! Nous nous trompons encore! Nous nous trompons toujours!

—Expliquez-vous!

—Glenarvan, major, Robert, mes amis, s'écria Paganel, vous tous qui m'entendez, nous cherchons le capitaine Grant où il n'est pas!

—Que dites-vous? s'écria Glenarvan.

—Non seulement où il n'est pas, ajouta Pagannel, mais encore où il n'a jamais été!

OÙ L'ON CONTINUE DE MENER LA VIE DES OISEAUX

—Le mot *austral* qui se trouve dans le document n'est pas un mot complet, comme nous l'avons cru jusqu'ici, mais bien le radical du mot *Australie.* Le mot incomplet *indi...* ne signifie pas *Indiens,* mais bien *indigènes!* Or, admettez-vous qu'il y ait des ''indigènes'' en Australie?

Il faut avouer qu'en ce moment Glenarvan regarda fixement Paganel.

—Bravo, Paganel! dit le major.

—Admettez-vous mon interprétation, mon cher lord?

—Oui! répondit Glenarvan, si vous me prouvez que ce reste de mot *gonie* ne s'applique pas au pays des Patagons!

—Non! certes, s'écria Paganel, il ne s'agit pas de *Patagonie!* Lisez tout ce que vous voudrez, excepté cela.

—Mais quoi?

—*Cosmogonie! théogonie! agonie!...*

—*Agonie!* dit le major.

Le géographe, rassemblant ses idées, prenait son temps pour répondre. Son doigt suivait sur le document les lignes interrompues, tandis que d'une voix sûre, et soulignant certains mots, il s'exprima en ces termes: *"Le 7 juin 1862, le trois-mâts Britannia de Glasgow a sombré après..."* mettons, si vous voulez, ''deux jours, trois jours'' ou ''une longue agonie'', peu importe, c'est tout à fait indifférent, *"sur les côtes de l'Australie. Se dirigeant à terre, deux matelots et le capitaine Grant vont essayer d'aborder"* ou *"ont abordé le continent, où ils seront"* ou *"sont prisonniers de cruels indigènes. Ils ont jeté ce document".*

—Alors, je n'ai plus qu'une chose à dire, mes amis, s'écria Glenarvan. En Australie! Et que le Ciel nous assiste!

Ainsi se termina cette conversation qui, dans l'avenir, eut de si grandes conséquences. Une nouvelle espérance s'élevait sur les ruines de leurs projets écroulés.

ENTRE LE FEU ET L'EAU

Le soir était venu. Tout l'horizon de l'est prenait un aspect orageux. Une barre épaisse et sombre, nettement tranchée, y montait peu à peu en éteignant les étoiles.

Une électricité à haute tension saturait l'atmosphère, et tout être vivant la sentait courir le long de ses nerfs.

Glenarvan, Paganel et Robert furent sensiblement impressionnés par ces ondes électriques.

—Nous allons avoir de l'orage, dit Paganel.

Le silence devenait aussi profond que l'obscurité.

—Descendons, dit Glenarvan, la foudre ne tardera pas à éclater!

Il fallait s'attendre à un violent orage. Chacun fut donc invité à s'attacher fortement dans le lit de branches qui lui avait été dévolu.

Les éclairs incessants affectaient des formes variées.

Bientôt, tout le ciel, de l'est au nord, fut sous-tendu par une bande phosphorique d'un éclat intense. Cet incendie gagna peu à peu l'horizon entier, enflammant les nuages comme un amas de matières combustibles.

Cependant, la pluie ne tombait pas encore, et le vent se taisait toujours. Mais bientôt les cataractes du ciel s'entrouvrirent, et des raies verticales se tendirent comme les fils d'un tisseur sur le fond noir du ciel.

Une vapeur sulfureuse remplit l'atmosphère. Il se fit un instant de silence, et la voix de Tom Austin put être entendue, qui criait:

—L'arbre est en feu.

Glenarvan, Robert, le major, Paganel, les matelots étaient terrifiés; une épaisse fumée les suffoquait; une intolérable ardeur les brûlait; l'incendie gagnait de leur côté la charpente inférieure de l'arbre.

Enfin, la situation ne fut plus tenable, et de deux morts, il fallut choisir la moins cruelle.

—A l'eau! cria Glenarvan.

Wilson, que les flammes atteignaient, venait déjà de se précipiter dans le lac, quand on l'entendit s'écrier avec l'accent de la plus violente terreur:

—A moi! A moi!

Austin se précipita vers lui, et l'aida à regagner le sommet du tronc.

—Qu'y a-t-il?

—Les caïmans! Les caïmans! répondit Wilson.

A cette vue, les malheureux se sentirent perdus. Une mort épouvantable leur était réservée, qu'ils dussent périr dévorés par les flammes ou par la dent des caïmans.

L'orage avait développé dans l'atmosphère une considérable quantité de vapeurs auxquelles les phénomènes électriques allaient communiquer une violence extrême. Dans le sud se formait peu à peu une énorme trombe, un cône de brouillards, la pointe en bas, la base en haut, qui reliait les eaux bouillonnantes aux nuages orageux.

En peu d'instants, la gigantesque trombe se jeta sur l'ombu et l'enlaça de ses replis. L'arbre fut secoué jusque dans ses racines.

Alors l'ombu, couché sur les eaux, dériva sous les efforts combinés du vent et du courant. Les caïmans avaient fui.

Glenarvan et ses compagnons, délivrés de ces voraces sauriens, gagnèrent les branches situées au vent de l'incendie, tandis que l'ombu, dont les flammes, au souffle de l'ouragan, s'arrondissaient en voiles incandescentes, dérivait comme un brûlot en feu dans les ombres de la nuit.

Pendant deux heures, l'ombu navigua sur l'immense lac sans atteindre la terre ferme. Les flammes qui le rongeaient s'étaient peu à peu éteintes. L'orage touchait à sa fin.

La marche de l'ombu était rapide sur l'impétueux torrent. Vingt minutes plus tard, un choc eut lieu, et l'ombu s'arrêta net.

—Terre! Terre! s'écria Paganel d'une voix retentissante.

Déjà Robert et Wilson, lancés sur un plateau solide, poussaient un hurrah de joie, quand un sifflement bien connu se fit entendre.

—Thalcave! s'écria Robert.

—*Amigos!* dit le Patagon, qui avait attendu les voyageurs là où le courant devait les amener, puisqu'il l'y avait conduit lui-même.

Le Patagon les conduisit dans le hangar d'une estancia abandonnée. Là flambait un bon feu qui les réchauffa, là rôtissaient les succulentes tranches de venaison dont ils ne laissèrent pas miette.

Thalcave, en quelques mots, raconta son histoire à Paganel, et reporta au compte de son intrépide cheval tout l'honneur de l'avoir sauvé.

A huit heures du matin, ils étaient prêts à partir. En trente-six heures on pouvait atteindre les rivages de L'Atlantique.

Le lendemain, quinze milles avant d'être atteint, le voisinage de l'Océan se fit sentir.

A huit heures du soir, ils aperçurent les dunes de sable, hautes de vingt toises, qui en délimitent la lisière écumeuse. Bientôt le long murmure de la mer montante frappa leurs oreilles.

—L'Océan! s'écria Paganel.

Mais l'obscurité était grande déjà. Les regards se promenèrent en vain sur l'immensité sombre. Ils cherchèrent le *Duncan,* sans l'apercevoir.

A l'aube naissante, tout le monde fut mis sur pied à ce cri:

—Le *Duncan!* Le *Duncan!*

En effet, à cinq milles au large, le yacht, ses basses voiles soigneusement serrées, se maintenait sous petite vapeur.

Thalcave, après avoir fortement bourré sa carabine, la déchargea dans la direction du yacht.

Trois fois, la carabine de l'Indien retentit, réveillant les échos des dunes. Enfin, une fumée blanche apparut aux flancs du yacht.

—Ils nous ont vus! s'écria Glenarvan. C'est le canon du *Duncan!*

Aussitôt, Le *Duncan,* changeant son hunier et forçant le feu de ses fourneaux, évolua de manière à ranger de plus près la côte.

Bientôt, la lunette aidant, on vit une embarcation se détacher du bord.

Glenarvan rejoignit Thalcave, qui, les bras croisés, Thaouka près de lui, regardait tranquillement la mouvante surface des flots.

Glenarvan prit sa main, et lui montrant le yacht:

—Viens, dit-il.

—Non, répondit doucement Thalcave, ici est Thaouka, et là les Pampas.

Il serra donc la main de Thalcave, et n'insista pas. Il n'insista pas, non plus, quand l'Indien, souriant à sa manière, refusa le prix de ses services en disant:

—Par amitié.

Glenarvan aurait voulu laisser au moins un souvenir au brave Indien qui lui rappelât ses amis de l'Europe. Il tira de son portefeuille un médaillon précieux qui entourait un admirable portrait, un chef d'œuvre de Lawrence, et il l'offrit à l'Indien.

—Ma femme, dit-il.

Thalcave considéra le portrait d'un œil attendri, et prononça ces simples mots:

—Bonne et belle!

Puis Robert, Paganel, le major, Tom Austin, les deux matelots, vinrent avec de touchantes paroles faire leurs adieux au Patagon. Thalcave les pressa tous sur sa large poitrine. Paganel lui fit accepter une carte de l'Amérique méridionale et des deux Océans que l'Indien avait souvent regardée avec intérêt. C'était ce que le savant possédait de plus précieux.

En ce moment, l'embarcation du *Duncan* approchait.

Thalcave accompagna ses amis jusqu'à l'embarcation, qui fut remise à flot. Au moment où Robert montait à bord, l'Indien le prit dans ses bras et le regarda avec tendresse.

—Et maintenant va, dit-il, tu es un homme!

—Adieu, ami! Adieu! dit encore une fois Glenarvan.

—Ne nous reverrons-nous jamais? s'écria Paganel.

—*Quién sabe*[1]? répondit Thalcave, en levant son bras vers le ciel.

On poussa au large. Le canot s'éloigna, emporté par la mer descendante. Une heure après, Robert s'élançait le premier à bord du *Duncan* et se jetait au cou de Mary Grant, pendant que l'équipage du yacht remplissait l'air de ses joyeux hurrahs.

Ainsi s'était accomplie cette traversée de l'Amérique du Sud suivant une ligne rigoureusement droite.

1. Qui sait?

DEUXIÈME PARTIE

LE RETOUR À BORD

Après les premiers embrassements, Lady Helena, Mary Grant et John Mangles furent instruits des principaux incidents de l'expédition, et, avant tout, Glenarvan leur fit connaître cette nouvelle interprétation du document due à la sagacité de Jacques Paganel.

—Après déjeuner, mon cher John, dit Glenarvan, nous discuterons en famille le programme de notre nouvelle expédition.

Lord Glenarvan reprit, incident par incident, tout son voyage d'un océan à l'autre.

Lorsque Lord Glenarvan eut terminé son histoire, il ajouta ces paroles:

—Maintenant, mes amis, songeons au présent; le passé est passé, mais l'avenir est à nous; revenons au capitaine Harry Grant.

Le déjeuner était terminé; les convives rentrèrent dans le salon particulier de Lady Glenarvan; ils prirent place autour d'une table chargée de cartes et de plans, et la conversation s'engagea aussitôt.

—Ma chère Helena, la catastrophe n'a eu lieu ni sur les côtes du Pacifique, ni sur les côtes de l'Atlantique. Paganel a démontré que nous suivons une voie fausse, et il a interprété le document de manière à ne plus laisser aucune hésitation dans notre esprit. Je prierai Paganel de l'expliquer ici, afin que personne ne conserve le moindre doute à cet égard.

Le savant s'exécuta aussitôt; il fit sortir rigoureusement du mot *austral* le mot Australie; il démontra que le capitaine Grant, en quittant la côte du Pérou pour revenir en Europe, avait pu, sur un navire désemparé, être entraîné par les courants méridionaux du Pacifique jusqu'aux rivages australiens.

Lorsque Paganel eut achevé sa dissertation, Glenarvan annonça que le *Duncan* allait faire immédiatemeent route pour l'Australie.

—Quelles que soient les garanties de succès que nous offre l'Australie, ne serait-il pas à propos de relâcher un jour ou deux aux îles Tristan d'Acunha et d'Amsterdam? Elles sont situées sur notre parcours, et ne s'éloignent aucunement de notre route. Nous saurons alors si le *Britannia* n'y a pas laissé trace de son naufrage.

—La précaution me paraît bonne, répondit Glenarvan. Faites mettre le cap sur Tristan d'Acunha.

Bientôt le *Duncan,* s'éloignant de la côte américaine et courant dans l'est, fendit de sa rapide étrave les flots de l'océan Atlantique.

TRISTAN D'ACUNHA

De la côte américaine à Tristan d'Acunha, on compte deux mille cent milles[1], distance que John Mangles espérait franchir en dix jours, si les vents d'est ne retardaient pas la marche du yacht.

Cependant, le yacht marchait rapidement vers son but. Cinq jours après avoir perdu de vue le cap Corrientes, le 16 novembre, de belles brises d'ouest se firent sentir.

1. 3.360 kilomètres.

Le lendemain, l'Océan se montra couvert d'immenses goémons, semblable à un vaste étang obstrué par les herbes.

Vingt-quatre heures après, au lever du jour, la voix du matelot de vigie se fit entendre.

—Terre! cria-t-il.

—C'est Tristan d'Acunha, reprit John Mangles.

La capitale de tout le groupe de Tristan d'Acunha consiste en un petit village situé au fond de la baie sur un gros ruisseau fort murmurant.

Lord Glenarvan fut reçu par un gouverneur qui relève de la colonie anglaise du Cap. Il s'enquit immédiatement d'Harry Grant et du *Britannia*. Ces noms étaient entièrement inconnus.

Le *Duncan* pouvait, dès lors, quitter ce groupe d'îles africaines et continuer sa route à l'est.

Dans la nuit, le *Duncan* quittait l'île Tristan d'Acunha, qu'il ne devait plus revoir.

Le 7 décembre, à trois heures du matin, les fourneaux du *Duncan* ronflaient déjà. C'était la dernière étape sur la route du 37e parallèle, et trois mille milles[1] la séparaient de la côte australienne.

Le vent d'ouest avait jusqu'alors favorisé la marche du yacht; mais depuis quelques jours il montrait une tendance à diminuer. Le 13 décembre, il tomba tout à fait, et les voiles inertes pendirent le long des mâts.

—En tout cas, dit Glenarvan, il ne faut pas trop se plaindre: mieux vaut absence de vent que vent contraire.

—Votre Honneur a raison, répondit John Mangles; mais, précisément, ces calmes subits amènent des changements de temps. Aussi je les redoute; nous naviguons sur la limite des moussons[2] qui, d'octobre à avril, soufflent du nord-est, et pour peu qu'elles nous prennent debout, notre marche sera fort retardée.

A minuit, le vent fraîchit. Dans ce ciel qu'ils avaient laissé limpide et constellé roulaient des nuages épais, séparés par des bandes tachetées comme une peau de léopard.

—L'ouragan? demanda simplement Glenarvan à John Mangles.

—Pas encore, mais bientôt, répondit le capitaine.

Il était une heure du matin. Le vent avait alors une vitesse de quatorze toises par seconde. Il sifflait dans les manœuvres dormantes avec une extrême violence.

On espérait que la tempête diminuerait au lever du jour. Vain espoir. Vers huit heures du matin, il surventa encore, et le vent, avec une vitesse de dix-huit toises par seconde, se fit ouragan.

Le *Duncan* fut ballotté épouvantablement, au point que les mâts menaçaient de se rompre jusque dans leur emplanture. Il ne pouvait longtemps supporter un pareil roulis, il fatiguait dans ses hauts, et bientôt ses bordages disjoints, ses coutures crevées, devaient livrer passage aux flots.

---

1. 4.800 kilomètres.
2. Vents qui règnent dans l'océan Indien avec une extrême violence. Leur direction n'est pas constante, elle varie suivant les saisons, et les moussons d'été sont en général opposées aux moussons de l'hiver.

Le *Duncan,* rejeté hors de sa route, courait à la côte australienne avec une vitesse que rien ne pouvait enrayer.

Vers onze heures, l'ouragan parut mollir un peu, les humides brumes se dissipèrent, et, dans une rapide éclaircie, John put voir une terre basse qui lui restait à six milles sous le vent. Des lames monstrueuses déferlaient à une prodigieuse hauteur, jusqu'à cinquante pieds et plus.

—Il y a des bancs de sable.

—La marée est haute en ce moment, capitaine, peut-être pourrons-nous franchir ces bancs?

—Mais voyez donc, Austin, la fureur de ces lames! Quel navire pourrait leur résister? Prions Dieu qu'il nous aide, mon ami!

John Mangles eut une dernière idée.

—L'huile! s'écria-t-il; mes enfants, filez de l'huile! Filez de l'huile!

Ces paroles furent rapidement comprises de tout l'équipage. On peut apaiser la fureur des vagues, en les couvrant d'une nappe d'huile; cette nappe surnage, et détruit le choc des eaux qu'elle lubrifie.

Instantanément, la nappe onctueuse nivela, pour ainsi dire, l'écumeuse surface de la mer. Le *Duncan* vola sur les eaux calmées et se trouva bientôt dans un bassin paisible, au-delà des redoutables bancs, tandis que l'Océan, dégagé de ses entraves, bondissait derrière lui avec une indescriptible fureur.

AYRTON

Glenarvan et le capitaine John, après mûres réflexions, prirent la résolution suivante: le *Duncan* suivrait à la voile le contour des rivages australiens, en cherchant les traces du *Britannia;* il s'arrêterait au cap Bernouilli, où seraient prises les dernières informations, et continuerait sa route au sud jusqu'à Melbourne, où ses avaries pourraient être facilement réparées.

Ce fut ainsi que, le 20 décembre, on arriva par le cap Bernouilli, qui termine la baie Lacépède, sans avoir trouvé la moindre épave.

L'embarcation accosta dans une petite crique naturelle entre des bancs de corail en voie de formation, qui, le temps aidant, doivent former une ceinture de récifs à la partie sud de l'Australie.

Cette contrée paraissait inhabitée le long de la côte, la présence de l'homme, non du sauvage, mais du travailleur, se révéla au loin par quelques contructions de bon augure.

—Un moulin! s'écria Robert.

—Allons au moulin, répliqua Glenarvan.

On se mit en route.

Un homme d'une cinquantaine d'années, d'une physionomie prévenante, sortit de la maison principale, aux aboiements de quatre grands chiens qui annonçaient la venue des étrangers. Cinq beaux et forts garçons, ses fils, le suivirent avec leur mère, une grande et robuste femme.

—Etrangers, soyez les bienvenus dans la maison de Paddy O'Moore.

—Vous êtes Irlandais? dit Glenarvan en prenant la main que lui offrait le colon.

—Je l'ai été, répondit Paddy O'Moore. Maintenant, je suis Australien. Entrez, qui que vous soyez, messieurs, cette maison est la vôtre.

Le dîner de midi était servi. La soupière fumait entre le rosbeef et le gigot de mouton, entourés de larges assiettes d'olives, de raisins et d'oranges.

—Je vous attendais, dit-il simplement à Lord Glenarvan.

—Vous? répondit celui-ci fort surpris.

—J'attends toujours ceux qui viennent, répondit l'Irlandais.

Glenarvan, en homme qui va droit au but, interrogea d'abord Paddy O'Moore sur le naufrage du *Britannia.*

La réponse de l'Irlandais ne fut pas favorable. Il n'avait jamais entendu parler de ce navire.

—Maintenant, mylord, ajouta-t-il, je vous demanderai quel intérêt vous avez à m'adresser cette question.

Alors, Glenarvan raconta au colon l'histoire du document, le voyage du yacht, les tentatives faites pour retrouver le capitaine Grant.

—Mylord, louez et remerciez Dieu. Si le capitaine Grant est vivant, il est vivant sur la terre australienne!

Glenarvan s'était levé d'un bond, et, repoussant son siège:

—Qui parle ainsi? s'écria-t-il.

—Moi, répondit un des serviteurs de Paddy O'Moore, assis au bout de la table.

—Toi, Ayrton! dit le colon, non moins stupéfait que Glenarvan.

—Moi, Ecossais comme vous, mylord, moi, un des naufragés du *Britannia!*

Cette déclaration produisit un indescriptible effet. John Mangles, Robert, Paganel, quittant leur place, se précipitèrent vers celui que Paddy O'Moore venait de nommer Ayrton.

C'était un homme de quarante-cinq ans, d'une rude physionomie, dont le regard très brillant se perdait sous une arcade sourcilière profondément enfoncée.

Glenarvan, se faisant l'interprète de tous, le pressa de questions auxquelles Ayrton répondit.

—Vous êtes un des naufragés du *Britannia?* demanda-t-il.

—Oui, mylord, le quartier-maître du capitaine Grant, répondit Ayrton.

—Mais le capitaine? Le capitaine?

—Je le croyais noyé, disparu, abîmé avec tout l'équipage du *Britannia.* Je pensais avoir survécu seul.

—Où donc a eu lieu le naufrage? dit alors le major Mac Nabbs.

—Lorsque je fus arraché du gaillard d'avant où je halais bas le foc, le *Britannia* courait vers la côte de l'Australie. Il n'en était pas à deux encablures. Le naufrage a donc eu lieu à cet endroit même.

—Par 37 degrés de latitude? demanda John Mangles.

—Par 37 degrés, répondit Ayrton.

—Sur la côte ouest?

—Non pas! Sur la côte est, répliqua vivement le quartier-maître.

—Et à quelle époque?

—Dans la nuit du 27 juin 1862.

Ayrton fut invité à faire le récit de ses aventures. Il fut très simple et très court.

Le matelot naufragé, prisonnier d'une tribu indigène, se vit emmené dans ces régions intérieures arrosées par le Darling, c'est-à-dire à quatre cents milles au nord du trente-septième parallèle. Là, il vécut fort misérable, parce que la tribu était misérable elle-même, mais non maltraité. Ce furent deux longues années d'un pénible esclavage.

Une nuit d'octobre 1864, il trompa la vigilance des naturels et disparut dans la profondeur de forêts immenses. Pendant un mois, vivant de racines, de fougères comestibles, de gommes de mimosas, il erra au milieu de ces vastes solitudes, se guidant le jour sur le soleil, la nuit sur les étoiles, souvent abattu par le désespoir.

Enfin, mourant, épuisé, il arriva à l'habitation hospitalière de Paddy O'Moore, où il trouva une existence heureuse en échange de son travail.

Le major, s'adressant au matelot, lui dit:

—Vous étiez quartier-maître à bord du *Britannia?*

—Oui, répondit Ayrton sans hésiter. J'ai d'ailleurs sauvé du naufrage mon engagement à bord.

Et il sortit immédiatement de la salle commune pour aller chercher cette pièce officielle. Mais Paddy O'Moore eut le temps de dire:

—Mylord, je vous donne Ayrton pour un honnête homme. C'est un homme loyal, digne de toute votre confiance.

Glenarvan allait répondre qu'il n'avait jamais douté de la bonne foi d'Ayrton, quand celui-ci rentra et présenta son engagement en règle. C'était un papier signé des armateurs du *Britannia* et du capitaine Grant, dont Mary reconnut parfaitement l'écriture. Il constatait que ''Tom Ayrton, matelot de première classe, était engagé comme quartier-maître à bord du trois-mâts *Britannia,* de Glasgow''. Il n'y avait donc plus de doute possible sur l'identité d'Ayrton.

—Maintenant, dit Glenarvan, vos avis, Ayrton, nous seront particulièrement précieux, et je vous serai fort obligé de nous les donner.

—J'ai quelque connaissance de ce pays, des mœurs des indigènes, et si je puis vous être utile...

—Bien certainement, répondit Glenarvan.

—Je pense comme vous, répondit Ayrton, que le capitaine Grant et ses deux matelots ont été sauvés du naufrage.

LE DÉPART

Le départ fut fixé au surlendemain 22 décembre.

—Eh bien, nous suivrez-vous, Ayrton, dans cette expédition à la recherche des naufragés du *Britannia?*

—Oui, mylord, je vous suivrai, et si je ne vous mène pas sur les traces du capitaine Grant, au moins vous conduirai-je à l'endroit même où s'est brisé son navire.

Le lendemain, John Mangles, accompagné du charpentier et de matelots chargés de vivres, retourna à l'établissement de Paddy O'Moore.

Paddy et lui furent d'accord sur ce point: que les voyageuses devaient faire la route en charrette à bœufs, et les voyageurs à cheval. Paddy était en mesure de procurer les bêtes et le véhicule.

Le véhicule était un de ces chariots longs de vingt pieds et recouverts d'une bâche que supportent quatre roues pleines, sans rayons, sans jantes, sans cerclure de fer, de simples disques de bois, en un mot.

On était au 23 décembre 1864. Ce décembre, si triste, si maussade, si humide dans l'hémisphère boréal, aurait dû s'appeler juin sur ce continent.

Après une traite de soixante milles fournie en deux jours, la caravane atteignit, le 23 au soir, la paroisse d'Aspley, première ville de la province de Victoria, située sur le 141e degré de longitude, dans le district de Wimerra.

WIMERRA RIVER

Le lendemain, 24 décembre, le départ eut lieu dès l'aube. Le soir, après une bonne journée de marche, la petite troupe campa sur les bords du lac Blanc.

Le lendemain, Glenarvan et ses compagnons, au réveil, auraient volontiers applaudi le magnifique décor offert à leurs regards. Ils partirent.

Ce jour-là, les voyageurs dépassèrent de trente minutes le cent quarante et unième degré de longitude. Le pays semblait désert.

On était au 25 décembre, le jour de Noël, le Christmas tant fêté des familles anglaises.

Le 26 décembre, on rencontra les sources du Norton-creek, et plus tard la Mackensie-river à demi desséchée.

Le lendemain, à onze heures, le chariot atteignit les bords de la Wimerra, sur le 143e méridien.

Les cavaliers entourèrent le lourd véhicule, et l'on entra résolument dans la rivière.

En ce moment, un heurt impossible à prévoir eut lieu; un craquement se fit; le chariot s'inclina sous un angle inquiétant; l'eau gagna les pieds des voyageuses; tout l'appareil commença à dériver, en dépit de Glenarvan et de John Mangles, cramponnés aux ridelles.

Fort heureusement, un vigoureux coup de collier rapprocha le véhicule de la rive opposée.

Bientôt hommes et bêtes se trouvèrent en sûreté sur l'autre bord, non moins satisfaits que trempés.

Seulement l'avant-train du chariot avait été brisé par le choc, et le cheval de Glenarvan se trouvait déferré des pieds de devant.

Cet accident demandait une réparation prompte. Ayrton proposa d'aller à la station de Black-Point, située à vingt milles au nord, et d'en ramener un maréchal ferrant.

—Que vous faut-il de temps pour faire ce trajet et revenir au campement?

—Quinze heures peut-être, répondit Ayrton, mais pas plus.

Quelques minutes après, le quartier-maître, monté sur le cheval de Wilson, disparaissait derrière un épais rideau de mimosas.

Le major n'avait pas vu sans une certaine appréhension Ayrton quitter le campement de Wimerra pour aller chercher un maréchal-ferrant à cette station de Black-Point. Mais il ne souffla mot de ses défiances personnelles, et il se contenta de surveiller les environs de la rivière.

Le lendemain, Ayrton reparut au lever du jour. Un homme l'accompagnait, qui se disait maréchal-ferrant de la station de Black-Point.

—Est-ce un ouvrier capable? demanda John Mangles au quartier-maître.

—Je ne le connais pas plus que vous, capitaine, répondit Ayrton. Nous verrons.

Le maréchal-ferrant se mit à l'ouvrage. C'était un homme du métier, on le vit bien à la façon dont il répara l'avant-train du chariot. Il travaillait adroitement, avec une vigueur peu commune. Le major observa que la chair de ses poignets, fortement érodée, présentait un collier noirâtre de sang extravasé. C'était l'indice d'une blessure récente que les manches d'une mauvaise chemise de laine dissimulaient assez mal. Mac Nabbs interrogea le maréchal-ferrant au sujet de ces érosions qui devaient être très douloureuses. Mais celui-ci ne répondit pas et continua son travail. Deux heures après, les avaries du chariot étaient réparées.

Quant au cheval de Glenarvan, ce fut vite fait.

Bientôt les fers furent ajustés aux sabots du cheval. Puis le maréchal-ferrant réclama son salaire, et s'en alla sans avoir prononcé quatre paroles.

Une demi-heure plus tard, les voyageurs étaient en marche. Le soir, la troupe arriva à trois milles au-dessus de Maryborough. Il tombait une pluie fine, qui en tout autre pays eût détrempé le sol; mais ici l'air absorbait l'humidité si merveilleusement que le campement n'en souffrit pas.

Le lendemain, 29 décembre, la marche fut un peu retardée par une suite de monticules qui formaient une petite Suisse en miniature.

Cependant, on n'avait rencontré jusqu'ici aucune de ces tribus d'aborigènes qui vivent à l'état sauvage. Glenarvan se demandait si les Australiens manquaient à l'Australie comme avaient manqué les Indiens dans la Pampasie argentine. Mais Paganel lui apprit que, sous cette latitude, les sauvages fréquentaient principalement les plaines du Murray, situées à cent milles dans l'est.

—Nous approchons du pays de l'or, dit-il, et notre route, avant la fin de cette journée, aura coupé le railway qui met en communication le Murray et la mer. Eh bien, faut-il le dire, mes amis, un chemin de fer en Australie, voilà qui me paraît une chose surprenante!

—Et pourquoi donc, Paganel? demanda Glenarvan.

—Eh bien, parce que cela confond l'esprit d'un Français comme moi, et brouille toutes ses idées sur l'Australie.

—Parce que vous regardez le passé et non le présent, répondit John Mangles.

Un vigoureux coup de sifflet interrompit la discussion. Les voyageurs n'étaient pas à un mille du chemin de fer. Une locomotive, venant du sud et marchant à petite vitesse, s'arrêta précisément au point d'intersection de la voie ferrée et de la route suivie par le chariot.

Le 37e parallèle coupait la voie ferrée à quelques milles au-dessus de Castlemaine, et précisément à Camden-Bridge, pont jeté sur la Lutton, un des nombreux affluents du Murray.

C'est vers ce point qu'Ayrton dirigea son chariot, précédé des cavaliers, qui se permirent un temps de galop jusqu'à Camden-Bridge. Ils y étaient attirés, d'ailleurs, par un vif sentiment de curiosité.

En effet, une foule considérable se portait vers le pont du chemin de fer. On pouvait entendre ces cris souvent répétés:

''Au railway! au railway!''

Un effroyable accident avait eu lieu, non une rencontre de trains, mais un déraillement et une chute dans l'abîme.

Glenarvan, Paganel, le major, Mangles, mêlés à la foule, écoutaient les propos qui couraient de l'un à l'autre. Chacun cherchait à expliquer la catastrophe, tandis que l'on travaillait au sauvetage.

—Le pont s'est rompu, disait celui-ci.

—Rompu! répondaient ceux-là. Il s'est si peu rompu qu'il est encore intact. On a oublié de le fermer au passage du train. Voilà tout.

C'était, en effet, un pont tournant qui s'ouvrait pour le service de la batellerie.

L'accident était arrivé dans la nuit, à l'express n° 37, parti de Melbourne à onze heures quarante-cinq du soir. Il devait être trois heures quinze du matin, quand le train, vingt-cinq minutes après avoir quitté la station de Castlemaine, arriva au passage de Camden-Bridge et y demeura en détresse.

Cependant, Lord Glenarvan, s'étant fait connaître du surveyor général, causait avec lui et l'officier de police. Ce dernier était, devant tout ce désastre, comme un mathématicien devant un problème; il cherchait à le résoudre et à en dégager l'inconnue. Aussi, à ces paroles de Glenarvan:

—Voilà un grand malheur! répondit-il tranquillement.

—Mieux que cela, mylord.

—Mieux que cela! s'écria Glenarvan, choqué de la phrase; et qu'y a-t-il de mieux qu'un malheur?

—Un crime! répondit tranquillement l'officier de police.

Notre enquête nous a conduits à cette certitude, que la catastrophe est le résultat d'un crime. Le dernier wagon des bagages a été pillé. Les voyageurs survivants ont été attaqués par une troupe de cinq ou six malfaiteurs.

Ceux qui ont fait le coup, dit-il, sont des gens familiarisés avec l'usage de ce petit instrument.

Et parlant ainsi, il montra une paire de ''darbies'', espèce de menottes faites d'un double anneau de fer muni d'une serrure.

—Avant peu, ajouta-t-il, j'aurai le plaisir de leur offrir ce bracelet comme cadeau du Nouvel An.

—Mais alors vous soupçonnez?...

—Des gens qui ont ''voyagé gratis sur les bâtiments de Sa Majesté''.

—Quoi! Des convicts! s'écria Paganel, qui connaissait cette métaphore employée dans les colonies australiennes.

—Je croyais, fit observer Glenarvan, que les transportés n'avaient pas droit de séjour dans la province de Victoria?

—Peuh! répliqua l'officier de police, s'ils n'ont pas ce droit, ils le prennent! Ça s'échappe quelquefois, les convicts, et je me trompe fort ou ceux-ci viennent en droite ligne de Perth. Eh bien, ils y retourneront, vous pouvez m'en croire.

AUSTRALIAN AND NEW-ZELAND GAZETTE

Le 2 janvier, au soleil levant, les voyageurs franchirent la limite des régions aurifères et les frontières du comté de Talbot. Le pied de leurs chevaux frappait alors les poudreux sentiers du comté de Dalhousie. Quelques heures après, ils passaient à gué la Colban et la Campaspe-rivers, par 144° 35' et 144° 45' de longitude. La moitié du voyage était accomplie. Encore quinze jours d'une traversée aussi heureuse, et la petite troupe atteindrait les rivages de la baie Twofold.

Du reste, tout le monde était bien portant. Les promesses de Paganel, relativement à cet hygiénique climat, se réalisaient. Peu ou point d'humidité, et une chaleur très supportable. Les chevaux et les bœufs ne s'en plaignaient point. Les hommes, pas davantage.

Une seule modification avait été apportée à l'ordre de marche depuis Camden-Bridge. La criminelle catastrophe du railway, lorsqu'elle fut connue d'Ayrton, l'engagea à prendre quelques précautions, jusque-là fort inutiles. Les chasseurs durent ne point perdre le chariot de vue. Pendant les heures de campement, l'un d'eux fut toujours de garde. Matin et soir, les amorces des armes furent renouvelées. Il était certain qu'une bande de malfaiteurs battait la campagne, et, quoique rien ne fît naître des craintes immédiates, il fallait être prêt à tout événement.

Un mille après avoir traversé la route de Kolmore, le chariot s'enfonça sous un massif d'arbres géants, et, pour la première fois depuis le cap Barnouilli, les voyageurs pénétrèrent dans une de ces forêts qui couvrent une superficie de plusieurs degrés.

Ce fut un cri d'admiration à la vue des eucalyptus hauts de deux cents pieds, dont l'écorce fongueuse mesurait jusqu'à cinq pouces d'épaisseur.

Pendant toute la journée, le chariot roula sous ces interminables travées d'eucalyptus. On ne rencontra ni un quadrupède, ni un indigène.

Le soir venu, on campa au pied d'eucalyptus qui portaient la marque d'un feu assez récent. Ils formaient comme de hautes cheminées d'usines, car la flamme les avait creusés intérieurement dans toute leur longueur.

Olbinett, suivant le conseil de Paganel, alluma le feu du souper dans un de ces troncs tubulaires; il obtint aussitôt un tirage considérable, et la fumée alla se perdre dans le massif assombri du feuillage. On prit les précautions voulues pour la nuit, et Ayrton, Mulrady, Wilson, John Mangles, se relayant tour à tour, veillèrent jusqu'au lever du soleil.

Pendant toute la journée du 3 janvier, l'interminable forêt multiplia ses longues avenues symétriques. Cependant, vers le soir, les rangs des arbres s'éclaircirent, et à quelques milles, dans une petite plaine, apparut une agglomération de maisons régulières.

—Seymour! s'écria Paganel. Voilà la dernière ville que nous devons rencontrer avant de quitter la province de Victoria.

—Y trouverons-nous un hôtel convenable? demanda Glenarvan.

—Je l'espère, répondit le géographe.

—Eh bien, entrons dans la ville, car nos vaillantes voyageuses ne seront pas fâchées, j'imagine, de s'y reposer une nuit.

Il était alors neuf heures. Toute la troupe pénétra dans les larges rues de Seymour sous la direction de Paganel, qui semblait toujours parfaitement connaître ce qu'il n'avait jamais vu. Son instinct le guidait, et il arriva droit à Campbell's North British hôtel.

Chevaux et bœufs furent menés à l'écurie, le chariot remisé, et les voyageurs conduits à des chambres assez confortables. A dix heures, les convives prenaient place à une table sur laquelle Olbinett avait jeté le coup d'œil du maître.

Quand le souper fut terminé, lorsque Lady Glenarvan, Mary et Robert Grant eurent regagné leurs chambres, le major retint ses compagnons et leur dit:

—On connaît les auteurs du crime commis sur le chemin de fer de Sandhurst.

—Eh bien, demanda Glenarvan, à qui attribue-t-on ce crime?

—Lisez, répondit le major, qui présenta à Glenarvan un numéro de l'*Australian and New-Zealand Gazette.*

Glenarvan lut à haute voix le passage suivant:

''Sydney, 2 janvier 1866. —On se rappelle que, dans la nuit du 29 au 30 décembre dernier, un accident eut lieu à Camden-Bridge, à cinq milles au-delà de la station de Castlemaine, railway de Melbourne à Sandhurst. L'express de nuit de 11 h 45, lancé à toute vitesse, est venu se précipiter dans la Lutton-river.

D'après l'enquête du coroner, il résulte que ce crime doit être attribué à la bande de convicts échappés depuis six mois du pénitentiaire de Perth, Australie occidentale, au moment où ils allaient être transférés à l'île Norfolk[1].

Ces convicts sont au nombre de vingt-neuf; ils sont commandés par un certain Ben Joyce, malfaiteur de la plus dangereuse espèce, arrivé depuis quelques mois en Australie, on ne sait par quel navire, et sur lequel la justice n'a jamais pu mettre la main''.

''J. P. Mitchell, S.-G.''

---

1. L'île Norfolk est une île située à l'est de l'Australie, où le gouvernement détient les convicts récidivistes et incorrigibles. Ils y sont soumis à une surveillance spéciale.

78

Glenarvan ajouta:

—Il va sans dire qu'il ne s'agit pas de renoncer à accomplir notre tâche; mais peut-être serait-il prudent, à cause de nos compagnes, de rejoindre le *Duncan* à Melbourne, et d'aller reprendre à l'est les traces d'Harry Grant. Qu'en pensez-vous, Mac Nabbs?

—Avant de me prononcer, répondit le major, je désirerais connaître l'opinion d'Ayrton.

Le quartier-maître, directement interpellé, regarda Glenarvan.

—Je pense, dit-il, que nous sommes à deux cents milles de Melbourne, et que le danger, s'il existe, est aussi grand sur la route du sud que sur la route de l'est. Toutes deux sont peu fréquentées, toutes deux se valent. D'ailleurs, je ne crois pas qu'une trentaine de malfaiteurs puissent effrayer huit hommes bien armés et résolus. Donc, sauf meilleur avis, j'irais en avant.

La proposition de ne rien changer au programme du voyage fut mise aux voix et passa à l'unanimité.

—Une seule observation, mylord, dit Ayrton au moment où on allait se séparer.

—Parlez, Ayrton.

—Ne serait-il pas opportun d'envoyer au *Duncan* l'ordre de rallier la côte?

—A quoi bon? répondit John Mangles. Lorsque nous serons arrivés à la baie Twofold, il sera temps d'expédier cet ordre.

—Bien! répondit Ayrton, qui n'insista pas.

Le lendemain, la petite troupe, armée et prête à tout événement, quitta Seymour. Le soir, après avoir longé la frontière septentrionale du comté d'Anglesey, il franchit le 146e méridien, et l'on campa sur la limite du district de Murray.

OÙ LE MAJOR SOUTIENT QUE CE SONT DES SINGES

Le lendemain matin, 5 janvier, les voyageurs mettaient le pied sur le vaste territoire de Murray. Ce district vague et inhabité s'étend jusqu'à la haute barrière des Alpes australiennes.

L'ensemble de ces terrains porte un nom significatif sur les cartes anglaises: ''Reserve for the blacks'', la réserve pour les Noirs. C'est là que les indigènes ont été brutalement repoussés par les colons. Le Noir seul n'en doit jamais sortir.

Paganel, tout en chevauchant, traitait cette grave question des races indigènes. Il n'y eut qu'un avis à cet égard, c'est que le système britannique poussait à l'anéantissement des peuplades conquises, à leur effacement des régions où vivaient leurs ancêtres.

—Il y a cinquante ans, ajouta Paganel, nous aurions déjà rencontré sur notre route mainte tribu de naturels, et jusqu'ici pas un indigène n'est encore apparu. Dans un siècle, ce continent sera entièrement dépeuplé de sa race noire.

En effet, la réserve paraissait être absolument abandonnée. Nulle trace de campements ni de huttes. Les plaines et les grands taillis se succédaient, et peu à peu la contrée prit un aspect sauvage. Il semblait même qu'aucun être vivant, homme ou bête, ne fréquentait ces régions éloignées, quand Robert, s'arrêtant devant un bouquet d'eucalyptus, s'écria:

—Ah ça! qu'est-ce que c'est que ce singe-là? demanda le major.

—Ce singe-là, répondit Paganel, c'est un Australien pur sang!

Les compagnons du géographe n'avaient pas encore eu le temps de hausser les épaules, que des cris qu'on pourrait orthographier ainsi: ''cooeeh! coo-eeh!'' retentirent à peu de distance. Ayrton piqua ses bœufs, et, cent pas plus loin, les voyageurs arrivaient inopinément à un campement d'indigènes.

Quel triste spectacle! Une dizaine de tentes se dressaient sur le sol nu. Ces ''gunyos'', faits avec des bandes d'écorce étagées comme des tuiles, ne protégeaient que d'un côté leurs misérables habitants. Ces êtres, dégradés par la misère, étaient repoussants. Il y en avait là une trentaine, hommes, femmes et enfants, vêtus de peaux de kangourous déchiquetées comme des haillons. Leur premier mouvement, à l'approche du chariot, fut de s'enfuir. Mais quelques mots d'Ayrton prononcés dans un inintelligible patois parurent les rassurer. Ils revinrent alors, moitié confiants, moitié craintifs, comme des animaux auxquels on tend quelque morceau friand.

A la demande d'Helena, Glenarvan donna ordre de distribuer quelques aliments. Les naturels comprirent son intention et se livrèrent à des démonstrations qui eussent ému le cœur le plus insensible.

Ils poussaient des cris retentissants; ils couraient dans diverses directions; ils saisissaient leurs armes et semblaient pris d'une fureur farouche.

Glenarvan ne savait où ils voulaient en venir, quand le major, interpellant Ayrton, lui dit:

—Puisque vous avez vécu pendant longtemps chez les Australiens, vous comprenez sans doute le langage de ceux-ci?

—A peu près, répondit le quartier-maître, car, autant de tribus, autant d'idiomes. Cependant, je crois deviner que, par reconnaissance, ces sauvages veulent montrer à Son Honneur le simulacre d'un combat.

C'était en effet la cause de cette agitation. Les indigènes, sans autre préambule, s'attaquèrent avec une fureur parfaitement simulée, et si bien même, qu'à moins d'être prévenu on eût pris au sérieux cette petite guerre.

Ce combat simulé durait déjà depuis dix minutes, quand soudain les combattants s'arrêtèrent. Les armes tombèrent de leurs mains. Un profond silence succéda au bruyant tumulte. Les indigènes demeurèrent fixes dans leur dernière attitude, comme des personnages de tableaux vivants. On les eût dit pétrifiés.

Une bande de kakatoès se déployait en ce moment à la hauteur des gommiers. C'était l'apparition de cette éclatante nuée d'oiseaux qui avait interrompu le combat. La chasse, plus utile que la guerre, lui succédait.

Un des indigènes, saisissant un instrument peint en rouge, d'une structure particulière, quitta ses compagnons toujours immobiles, et se dirigea entre les arbres et les buissons vers la bande de kakatoès.

Le sauvage, arrivé à une distance convenable, lança son instrument suivant une ligne horizontale à deux pieds du sol. Cette arme parcourut ainsi un espace de quarante pieds environ; puis, soudain, sans toucher la terre, elle se releva subitement par un angle droit, monta à cent pieds dans l'air, frappa mortellement une douzaine d'oiseaux, et, décrivant une parabole, revint tomber aux pieds du chasseur. Glenarvan et ses compagnons étaient stupéfaits; ils ne pouvaient en croire leurs yeux.

—C'est le ''boomerang!'' dit Ayrton.

—Le boomerang! s'écria Paganel, le boomerang australien.

Et, comme un enfant, il alla ramasser l'instrument merveilleux, ''pour voir ce qu'il y avait dedans''.

Cependant, le temps s'écoulait, et Glenarvan pensa qu'il ne devait pas retarder davantage sa marche vers l'est.

Les voyageurs s'arrêtèrent sur la lisière d'un bois de mimosas.

LES ÉLEVEURS MILLIONNAIRES

Après une nuit tranquillement passée par 146° 15' de longitude, les voyageurs, le 6 janvier, à sept heures du matin, continuèrent à traverser le vaste district. Ils marchaient toujours vers le soleil levant, et les empreintes de leurs pas traçaient sur la plaine une ligne rigoureusement droite.

La plaine était parfois sillonnée de creeks capricieux, entourés de buis, aux eaux plutôt temporaires que permanentes. Ils prenaient naissance sur les versants des ''Buffalos-Ranges'', chaîne de médiocres montagnes dont la ligne pittoresque ondulait à l'horizon.

On résolut d'y camper le soir même. Ayrton pressa son attelage, et, après une journée de trente-cinq milles, les bœufs arrivèrent, un peu fatigués.

Le lendemain, toute la troupe était réveillée par des aboiements inattendus. Glenarvan se leva aussitôt. Deux magnifiques ''pointers'', hauts sur pied, admirables spécimens du chien d'arrêt de race anglaise, gambadaient sur la lisière d'un petit bois.

—Il y a donc une station dans ce désert, dit Glenarvan, et des chasseurs, puisque voilà des chiens de chasse?

Deux jeunes gens apparurent, montant deux chevaux de sang de toute beauté, de véritables ''hunters''.

Lord Glenarvan vint à leur rencontre, et, en sa qualité d'étranger, il déclina ses nom et qualités. Les jeunes gens s'inclinèrent, et l'un d'eux, le plus âgé, dit:

—Mylord, ces dames, vos compagnons et vous, voulez-vous nous faire l'honneur de vous reposer dans notre habitation?

—Messieurs?... dit Glenarvan.

—Michel et Sandy Patterson, propriétaires de Hottam-station.

—Messieurs, répondit Glenarvan, je ne voudrais pas abuser d'une hospitalité si gracieusement offerte...

—Mylord, reprit Michel Patterson, en acceptant, vous obligez de pauvres exilés qui seront trop heureux de vous faire les honneurs du désert.

Glenarvan s'inclina en signe d'acquiescement.

Michel Patterson indiqua vers la droite la route à suivre. Les chevaux avaient été laissés aux soins d'Ayrton et des matelots. Ce fut donc à pied, causant et admirant, que les voyageurs, guidés par les deux jeunes gens, se rendirent à l'habitation d'Hottam-station.

C'était une charmante maison de bois et de briques, enfouie sous des bouquets d'émérophilis.

Bientôt, l'avenue des casuarinas fut dépassée; un petit pont de fer d'une élégance extrême, jeté sur un creek murmurant, donnait accès dans le parc réservé. Il fut franchi. Un intendant de haute mine vint au-devant des voyageurs; les portes de l'habitation s'ouvrirent, et les hôtes de Hottam-station pénétrèrent dans les somptueux appartements contenus sous cette enveloppe de briques et de fleurs.

Cependant, sur un ordre de Sandy Patterson, un déjeuner venait d'être improvisé par le maître d'hôtel de la station, et, moins d'un quart d'heure après leur arrivée, les voyageurs s'asseyaient devant une table somptueusement servie.

Lord Glenarvan ne put refuser à ses aimables amphitryons de passer cette journée entière à la station de Hottam. C'étaient douze heures de retard qui devenaient douze heures de repos; les chevaux et les bœufs ne pouvaient que se refaire avantageusement dans les confortables écuries de la station.

A midi, sept vigoureux hunters piaffaient aux portes de l'habitation. Un élégant break destiné aux dames et conduit à grandes guides, permettait à son cocher de montrer son adresse dans les savantes manœuvres du ''four in hand[1]''. Les cavaliers, précédés de piqueurs et armés d'excellents fusils de chasse à système, se mirent en selle et galopèrent aux portières, pendant que la meute des pointers aboyait joyeusement à travers les taillis.

Pendant cette battue, on tua certains animaux particuliers au pays, et dont jusqu'alors Paganel ne connaissait que le nom: entre autres, le ''wombat'' et le ''bandicoot''.

Mais de tous ces hauts faits, le plus intéressant fut, sans contredit, une chasse au kangourou.

Le lendemain, dès l'aube, ils prirent congé des deux jeunes squatters. Il y eut force remerciements et promesses de se revoir en Europe, au château de Malcolm. Puis le chariot se mit en marche, tourna la base du mont Hottam et bientôt l'habitation disparut, comme une vision rapide, aux yeux des voyageurs. Pendant cinq milles encore, ils foulèrent du pied de leurs chevaux le sol de la station.

1. Expression anglaise pour indiquer un attelage à quatre chevaux.

LES ALPES AUSTRALIENNES

Une immense barrière coupait la route dans le sud-est. C'était la chaîne des Alpes australiennes, vaste fortification dont les capricieuses courtines s'étendent sur une longueur de quinze cents milles, et arrêtent les nuages à quatre mille pieds dans les airs.

Le ciel couvert ne laissait arriver au sol qu'une chaleur tamisée par le tissu serré des vapeurs. La température était donc supportable, mais la marche difficile sur un terrain déjà fort accidenté.

—Nous aurons du mal à passer, dit Glenarvan en regardant la chaîne des montagnes dont la silhouette se fondait déjà dans l'obscurité du soir. Des Alpes! Voilà une dénomination qui donne à réfléchir.

—Ainsi, ces Alpes australiennes?... demanda Lady Helena.

—Sont des montagnes de poche, répondit Paganel. Nous les franchirons sans nous en apercevoir.

Le lendemain, 9 janvier, malgré les assurances du confiant géographe, ce ne fut pas sans grandes difficultés que la petite troupe s'engagea dans le passage des Alpes. Il fallut aller à l'aventure, s'enfoncer par des gorges étroites et profondes qui pouvaient finir en impasses.

Ce fut une pénible ascension. Plus d'une fois, les voyageuses et leurs compagnons mirent pied à terre.

Fut-ce cette fatigue prolongée, ou toute autre cause, mais l'un des chevaux succomba pendant cette journée. Il s'abattit subitement sans qu'aucun symptôme fît pressentir cet accident. C'était le cheval de Mulrady et, quand celui-ci voulut le relever, il le trouva mort.

Ayrton vint examiner l'animal étendu à terre et parut ne rien comprendre à cette mort instantanée.

—Il faut que cette bête, dit Glenarvan, se soit rompu quelque vaisseau.

—Evidemment, répondit Ayrton.

—Prends mon cheval, Mulrady, ajouta Glenarvan, je vais rejoindre Lady Helena dans le chariot.

Mulrady obéit, et la petite troupe continua sa fatigante ascension, après avoir abandonné aux corbeaux le cadavre de l'animal.

Pendant la journée du 18, les voyageurs atteignirent le plus haut point du passage, deux mille pieds environ. Ils se trouvaient sur un plateau dégagé qui laissait la vue s'étendre au loin.

On campa sur le plateau même, et le lendemain la descente commença. Elle fut assez rapide.

Chacun avait hâte d'arriver au but, c'est-à-dire à l'océan Pacifique, au point même où se brisa le *Britannia*. Là seulement pouvaient être utilement rejointes les traces des naufragés, et non dans ces contrées désertes du Gippsland. Aussi Ayrton pressait-il Lord Glenarvan d'expédier au *Duncan* l'ordre de se rendre à la côte, afin d'avoir à sa disposition tous les moyens de recherche. Il fallait, selon lui, profiter de la route de Lucknow qui se rend à Melbourne. Plus tard, ce serait difficile, car les communications directes avec la capitale manqueraient absolument.

Glenarvan était indécis, et peut-être eût-il expédié ces ordres que réclamait tout particulièrement Ayrton, si le major n'eût combattu cette décision avec une grande vigueur. Il démontra que la présence d'Ayrton était nécessaire à l'expédition, qu'aux approches de la côte le pays lui serait connu, que si le hasard mettait la caravane sur les traces d'Harry Grant, le quartier-maître serait plus qu'un autre capable de les suivre, enfin que seul il pouvait indiquer l'endroit où s'était perdu le *Britannia*.

Il fut décidé qu'on attendrait pour agir l'arrivée à Twofold-Bay. Le major observa Ayrton, qui lui parut assez désappointé. Mais il n'en dit rien, et, suivant sa coutume, il garda ses observations pour son compte.

De midi à deux heures, on traversa une curieuse forêt de fougères qui eût excité l'admiration de gens moins harassés.

Jacques Paganel, toujours démonstratif, poussa quelques soupirs de satisfaction qui firent lever des troupes de perruches et de kakatoès. Ce fut un concert de jacasseries assourdissantes.

Le géographe continuait de plus belle ses cris et ses jubilations, quand ses compagnons le virent tout d'un coup chanceler sur son cheval et s'abattre comme une masse. On courut à lui.

—Paganel! Paganel! Qu'avez-vous? s'écria Glenarvan.

—J'ai, cher ami, que je n'ai plus de cheval, répondit Paganel en se dégageant de ses étriers.

—Quoi! votre cheval?

—Mort, foudroyé, comme celui de Mulrady!

Glenarvan, John Mangles, Wilson, examinèrent l'animal. Paganel ne se trompait pas. Son cheval venait d'être frappé subitement.

—Voilà qui est singulier, en effet, murmura le major.

Glenarvan ne laissa pas d'être préoccupé de ce nouvel accident. Il ne pouvait se remonter dans ce désert. Or, si une épidémie frappait les chevaux de l'expédition, il serait très embarrassé pour continuer sa route.

Or, avant la fin du jour, le mot ''épidémie'' sembla devoir se justifier. Un troisième cheval, celui de Wilson, tomba mort, et, circonstance plus grave peut-être, un des bœufs fut également frappé. Les moyens de transport et de traction étaient réduits à trois bœufs et quatre chevaux.

On avait franchi quinze bons milles, et adroitement passé un pays assez montueux et d'un sol rougeâtre. Tout laissait espérer que l'on camperait le soir même sur les bords de la Snowy, importante rivière qui va se jeter au sud de Victoria dans le Pacifique. Le soir arriva, et un brouillard nettement tranché à l'horizon marqua le cours de la Snowy. Une forêt de hauts arbres se dressa à un coude de la route, derrière une modeste éminence

du terrain. Ayrton dirigea son attelage un peu surmené à travers les grands troncs perdus dans l'ombre, et il dépassait déjà la lisière du bois, à un demi-mille de la rivière, quand le chariot s'enfonça brusquement jusqu'au moyeu des roues.

—Attention! cria-t-il aux cavaliers qui le suivaient.

—Qu'est-ce donc? demanda Glenarvan.

—Nous sommes embourbés, répondit Ayrton.

De la voix et de l'aiguillon, il excita ses bœufs, qui, enlisés jusqu'à mi-jambe, ne purent bouger.

—Campons ici, dit John Mangles.

—C'est ce qu'il y a de mieux à faire, répondit Ayrton. Demain, au jour, nous verrons à nous en tirer.

—Halte! cria Glenarvan.

La couchée fut organisée. On s'arrangea tant bien que mal du chariot embourbé.

Ayrton parvint, non sans peine, à retirer ses trois bœufs du terrain mouvant. Ces courageuses bêtes en avaient jusqu'aux flancs. Le quartier-maître les parqua avec les quatre chevaux, et ne laissa à personne le soin de choisir leur fourrage.

Vers onze heures, après un mauvais sommeil, lourd et fatigant, le major se réveilla. Ses yeux à demi fermés furent frappés d'une vague lumière qui courait sous les grands arbres.

Il se leva, et marcha vers le bois. Sous ses yeux s'étendait un immense plan de champignons qui émettaient des phosphorescences.

La lueur phosphorescente illuminait le bois pendant l'espace d'un demi-mille, et Mac Nabbs crut voir passer rapidement des ombres sur la lisière éclairée.

Mac Nabbs se coucha à terre et, après une rigoureuse observation, il aperçut distinctement plusieurs hommes, qui, se baissant, se relevant tour à tour, semblaient chercher sur le sol des traces encore fraîches.

Ce que voulaient ces hommes, il fallait le savoir.

Le major n'hésita pas, et sans donner l'éveil à ses compagnons, rampant sur le sol comme un sauvage des prairies, il disparut sous les hautes herbes.

UN COUP DE THÉÂTRE

Ce fut une affreuse nuit. A deux heures du matin, la pluie commença à tomber, une pluie torrentielle que les nuages orageux versèrent jusqu'au jour. La tente devint un insuffisant abri. Glenarvan et ses compagnons se réfugièrent dans le chariot. On ne dormit pas. On causa de choses et d'autres. Seul, le major, dont personne n'avait remarqué la courte absence, se contenta d'écouter sans mot dire. La terrible averse ne discontinuait pas.

Enfin, le jour parut.

Glenarvan s'occupa du chariot tout d'abord. C'était l'essentiel à ses yeux. On examina le lourd véhicule. On aurait de la peine à retirer cette lourde machine, et ce ne serait pas trop de toutes les forces réunies des hommes, des bœufs et des chevaux.

Glenarvan, ses deux matelots, John Mangles et Ayrton pénétrèrent sous le bois où les animaux avaient passé la nuit.

Glenarvan, tout en marchant, regardait le ciel gris sur lequel se profilaient nettement les moindres ramilles des gommiers comme de fines découpures. Ayrton s'étonnait de ne plus rencontrer les chevaux et les bœufs à l'endroit où il les avait conduits. Ces bêtes entravées ne pouvaient aller loin cependant.

On les chercha dans le bois, mais sans les trouver.

Une heure se passa dans de vaines recherches, et Glenarvan allait retourner au chariot, distant d'un bon mille, quand un hennissement frappa son oreille. Un beuglement se fit entendre presque aussitôt.

—Ils sont là! s'écria John Mangles, en se glissant entre les hautes touffes de gastrolobium, qui étaient assez hautes pour cacher un troupeau.

Glenarvan, Mulrady et Ayrton se lancèrent sur ses traces et partagèrent bientôt sa stupéfaction.

Deux bœufs et trois chevaux gisaient sur le sol, foudroyés comme les autres. Glenarvan et les siens s'entre-regardèrent, et Wilson ne put retenir un juron qui lui monta au gosier.

Ayrton enleva les entraves du bœuf, Mulrady celles du cheval, et l'on revint en suivant les bords sinueux de la rivière.

Une demi-heure après, Paganel et Mac Nabbs, Lady Helena et Miss Grant savaient à quoi s'en tenir.

—Par ma foi! ne put s'empêcher de dire le major, il est fâcheux, Ayrton, que vous n'ayez pas eu à ferrer toutes nos bêtes au passage de la Wimerra.

—Pourquoi cela, monsieur? demanda Ayrton.

—Parce que de tous nos chevaux, celui que vous avez mis entre les mains de votre maréchal-ferrant, celui-là seul a échappé au sort commun!

—C'est vrai, dit John Mangles, et voilà un singulier hasard!

—Un hasard, et rien de plus, répondit le quartier-maître, regardant fixement le major.

Mac Nabbs serra les lèvres et se dirigea vers le chariot qu'Ayrton examinait.

—Qu'a-t-il voulu dire? demanda Glenarvan à John Mangles.

—Je ne sais, répondit le jeune capitaine. Cependant le major n'est point homme à parler sans raison.

—Non, John, dit Lady Helena. Mac Nabbs doit avoir des soupçons à l'égard d'Ayrton.

En ce moment, Ayrton et les deux matelots travaillaient à arracher le chariot de sa vaste ornière. Le bœuf et le cheval, attelés côte à côte, tiraient de toute la force de leurs muscles; les traits étaient tendus à se rompre, les colliers menaçaient de céder à l'effort. Wilson et Mulrady poussaient aux roues, tandis que, de la voix et de l'aiguillon, le quartier-maître excitait l'attelage dépareillé.

Ce fut en vain. Le chariot conserva son immobilité.

Quelques instants après, les voyageurs se refaisaient de leur mauvaise nuit par un déjeuner passable, et la discussion était ouverte. Tous furent appelés à donner leur avis.

—Quel est le relèvement exact de la côte à Twofold-Bay? demanda Glenarvan.

—Soixante-quinze milles[1].

—Et Melbourne est?...

—A deux cents milles[2] au moins.

—Bon. Notre position étant ainsi déterminée, dit Glenarvan, que convient-il de faire?

La réponse fut unanime: aller à la côte sans tarder.

—Et le *Duncan?* demanda Ayrton, ne jugez-vous pas opportun, mylord, de le mander à la baie?

—Ah! toujours le *Duncan!* Et en quoi sa présence à la baie nous facilitera-t-elle les moyens d'y arriver?

—Je propose de ne pas nous aventurer au-delà de la Snowy dans l'état de dénuement où nous sommes. C'est ici même qu'il faut attendre des secours, et ces secours ne peuvent venir que du *Duncan.* Campons en cet endroit, où les vivres ne manquent pas, et que l'un de nous porte à Tom Austin l'ordre de rallier la baie Twofold.

—Bien, Ayrton, répondit Glenarvan. Votre idée mérite d'être prise en sérieuse considération. Qu'en pensez-vous, mes amis?

1. 120 kilomètres.
2. 320 kilomètres.

—Parlez, mon cher Mac Nabbs, dit alors Lady Helena. Depuis le commencement de la discussion, vous vous contentez d'écouter, et vous êtes très avare de vos paroles.

—Puisque vous me demandez mon avis, répondit le major, je vous le donnerai très franchement. Ayrton me paraît avoir parlé en homme sage, prudent, et je me range à sa proposition.

On ne s'attendait guère à cette réponse, car jusqu'alors Mac Nabbs avait toujours combattu les idées d'Ayrton à ce sujet. Aussi Ayrton, surpris, jeta un regard rapide sur le major. Cependant, Paganel, Lady Helena, les matelots étaient très disposés à appuyer le projet du quartier-maître Ils n'hésitèrent plus après les paroles de Mac Nabbs.

Glenarvan déclara donc le plan d'Ayrton adopté en principe.

—Maintenant, mes amis, dit Glenarvan, il reste à choisir notre messager.

Ayrton prit la parole, et dit:

—S'il plaît à Votre Honneur, ce sera moi qui partirai, mylord. J'ai l'habitude de ces contrées. Un mot m'accréditera auprès de votre second, et dans six jours, je me fais fort d'amener le *Duncan* à la baie Twofold.

—Bien parlé, répondit Glenarvan. Vous êtes un homme intelligent et courageux, Ayrton, et vous réussirez.

Le quartier-maître fit donc ses préparatifs de départ. Pendant ce temps, Glenarvan écrivait la lettre destinée à Tom Austin.

Il ordonnait au second du *Duncan* de se rendre sans retard à la baie Twofold.

Tom Austin, arrivé à la côte, devait mettre un détachement des matelots du yacht sous les ordres d'Ayrton...

Glenarvan en était à ce passage de sa lettre, quand Mac Nabbs, qui le suivait des yeux, lui demanda d'un ton singulier comment il écrivait le nom d'Ayrton.

—Mais comme il se prononce, répondit Glenarvan.

—C'est une erreur, reprit tranquillement le major. Il se prononce Ayrton, mais il s'écrit Ben Joyce!

ALAND ZEALAND

La révélation de ce nom de Ben Joyce produisit l'effet d'un coup de foudre. Ayrton s'était brusquement redressé. Sa main tenait un revolver. Une détonation éclata. Glenarvan tomba frappé d'une balle. Des coups de fusil retentirent au-dehors.

John Mangles et les matelots, d'abord surpris, voulurent se jeter sur Ben Joyce; mais l'audacieux convict avait déjà disparu et rejoint sa bande disséminée sur la lisière du bois de gommiers.

Le major et John Mangles poussèrent une reconnaissance jusqu'aux grands arbres. La place était abandonnée.

—Les convicts ont disparu, dit John Mangles.

—Oui, répondit le major, et cette disparition m'inquiète. Je préférerais les voir face à face.

Cette disparition était trop singulière pour laisser une sécurité parfaite. C'est pourquoi on résolut de se tenir sur le qui-vive. Le chariot, véritable forteresse embourbée, devint le centre du campement, et deux hommes, se relevant d'heure en heure, firent bonne garde.

Le premier soin de Lady Helena et de Mary Grant avait été de panser la blessure de Glenarvan. Son pansement fait, il ne voulut plus que l'on s'occupât de lui, et on en vint aux explications. Le major fut invité à parler.

Comment avait-il reconnu ce Ben Joyce dans le quartier-maître Ayrton? Là était le mystère que tous voulaient éclaircir, et le major s'expliqua.

Depuis le jour de sa rencontre, Mac Nabbs, par instinct, se défiait d'Ayrton.

Cependant, il n'aurait pu formuler une accusation directe, sans les événements qui s'étaient passés la nuit précédente.

Mac Nabbs, se glissant entre les hautes touffes d'arbrisseaux, arriva près des ombres suspectes qui venaient d'éveiller son attention à un demi-mille du campement.

Trois hommes examinaient des traces sur le sol, des empreintes de pas fraîchement faites, et, parmi eux, Mac Nabbs reconnut le maréchal-ferrant de Black-Point.

''Un habile homme, Ben Joyce, dit le forgeron, un fameux quartier-maître avec son invention de naufrage! Si son projet réussit, c'est un coup de fortune! Satané Ayrton! Appelle-le Ben Joyce, car il a bien gagné son nom!''

—Je savais ce que je voulais savoir, et je revins au campement.

Le major se tut. Ses compagnons, silencieux, réfléchissaient.

—Ainsi, dit Glenarvan dont la colère faisait pâlir la figure, Ayrton nous a entraînés jusqu'ici pour nous piller et nous assassiner!

—Oui, répondit le major.

Mais de cette situation ressortait une conséquence grave. Personne n'y avait encore songé. Seule, Mary Grant, regardait l'avenir. John Mangles, d'abord, la vit ainsi pâle et désespérée. Il comprit ce qui se passait dans son esprit.

—Miss Mary! Miss Mary! s'écria-t-il. Vous pleurez!

—Tu pleures, mon enfant? dit Lady Helena.

—Mon père! madame, mon père! répondit la jeune fille.

La découverte de la trahison d'Ayrton détruisait tout espoir. Le convict, pour entraîner Glenarvan, avait supposé un naufrage. Dans leur conversation surprise par Mac Nabbs, les convicts l'avaient clairement dit. Jamais le *Britannia* n'était venu se briser sur les écueils de Twofold-Bay! Jamais Harry Grant n'avait mis le pied sur le continent australien!

Pour la seconde fois, l'interprétation erronée du document venait de jeter sur une fausse piste les chercheurs du *Britannia!*

Cependant Glenarvan rejoignit Mulrady et Wilson, préposés à la garde extérieure.

—Depuis une heure, demanda Glenarvan à ses deux matelots, vous n'avez rien vu, rien entendu?

—Rien, Votre Honneur, répondit Wilson. Les convicts doivent être à plusieurs milles d'ici.

—C'est probable, Mulrady, répondit Glenarvan. Ah! si nous pouvions quitter cette plaine marécageuse et poursuivre notre route vers la côte! Mais les eaux grossies de la rivière nous barrent le passage.

En ce moment, John Mangles, le major et Paganel rejoignirent Glenarvan. Ils venaient précisément d'examiner la Snowy.

John Mangles déclara le passage impraticable.

—Mais, ajouta-t-il, il ne faut pas rester ici sans rien tenter. Puisqu'on ne peut aller à Twofold-Bay, il faut aller à Melbourne. Un cheval nous reste. Que Votre Honneur me le donne, mylord, et j'irai à Melbourne.

—C'est là une dangereuse tentative, John, dit Glenarvan. Si l'un de nous doit aller à Melbourne, que le sort se désigne. Paganel, écrivez nos noms...

On procéda au tirage, et le sort se prononça pour Mulrady. Le brave matelot poussa un hurrah de satisfaction.

—Mylord, je suis prêt à partir, dit-il.

Le départ de Mulrady fut fixé à huit heures, après le court crépuscule du soir.

Glenarvan prépara la lettre destinée à Tom Austin; mais son bras blessé le gênait, et il chargea Paganel d'écrire pour lui. Le savant, absorbé dans une idée fixe, semblait étranger à ce qui se passait autour de lui.

Aussi n'entendit-il pas la demande de Glenarvan, et celui-ci fut forcé de la renouveler.

—Ah! très bien, répondit Paganel, je suis prêt!

Glenarvan commença à dicter les instructions suivantes:

—Ordre à Tom Austin de prendre la mer sans retard et de conduire le *Duncan...*

Paganel achevait ce dernier mot, quand ses yeux se portèrent, par hasard, sur le numéro de l'*Australian and New-Zeland,* qui gisait à terre. Le journal replié ne laissait voir que les deux dernières syllabes de son titre. Le crayon de Paganel s'arrêta, et Paganel parut oublier complètement Glenarvan, sa lettre, sa dictée.

Il répétait: *"Aland! Aland! Aland!"*

Glenarvan reprit la dictée de sa lettre, qui fut définitivement libellée en ces termes:

''Ordre à Tom Austin de prendre la mer sans retard et de conduire le *Duncan* par 37° de latitude à la côte orientale de l'Australie...''

—De l'Australie? dit Paganel. Ah! oui! de l'Australie!

Puis il acheva sa lettre et la présenta à la signature de Glenarvan. Paganel, d'une main que l'émotion faisait trembler encore, mit l'adresse suivante:

Tom Austin,
Second à bord du yacht le *Duncan,*
Melbourne.

Puis, il quitta le chariot, gesticulant et répétant ces mots incompréhensibles:

''Aland! Aland! Zealand!''

QUATRE JOURS D'ANGOISSES

Le reste de la journée s'écoula sans autre incident.

A six heures, le repas fut pris en commun. Une pluie torrentielle tombait.

A huit heures, la nuit devint très sombre. C'était l'instant de partir.

John Mangles remit à son matelot un revolver qu'il venait de charger avec le plus grand soin.

Mulrady se mit en selle.

Glenarvan, Lady Helena, Mary Grant, tous serrèrent la main de Mulrady.

—Adieu, mylord, dit-il d'une voix calme, et il disparut bientôt par un sentier qui longeait la lisière du bois.

En ce moment, la rafale redoublait de violence. Le vent hurlait à travers les craquements du bois et mêlait ses gémissements sinistres au grondement de la Snowy.

Les voyageurs, après le départ de Mulrady, se blottirent dans le chariot.

Ils essayaient de percer du regard ces ténèbres propices aux embûches, car l'oreille ne pouvait rien percevoir au milieu des bruits de la tempête, hennissements du vent, cliquetis des branches, chutes des troncs d'arbres, et grondement des eaux déchaînées.

Cependant, quelques courtes accalmies suspendaient parfois la bourrasque.

Ce fut pendant un de ces répits qu'un sifflement aigu parvint jusqu'à eux.

John Mangles alla rapidement au major.

—Vous avez entendu? lui dit-il.

—Oui, fit Mac Nabbs.

Puis tous deux écoutèrent. L'inexplicable sifflement se reproduisit soudain, et quelque chose comme une détonation lui répondit.

En ce moment, les rideaux de cuir se soulevèrent, et Glenarvan rejoignit ses deux compagnons. Il avait entendu, comme eux, ce sifflement sinistre, et la détonation qui avait fait écho sous la bâche.

—Dans quelle direction? demanda-t-il.

—Là, fit John indiquant le sombre track, dans la direction prise par Mulrady.

—Allons! dit Glenarvan en jetant sa carabine sur son épaule.

—N'allons pas! répondit le major. C'est un piège pour nous éloigner du chariot.

En ce moment, un cri de détresse se fit entendre.

—Ecoutez! dit Glenarvan.

—A moi! à moi!

C'était une voix plaintive et désespérée. John Mangles et le major s'élancèrent dans sa direction.

Quelques instants après, ils aperçurent le long du taillis une forme humaine qui se traînait et poussait de lugubres gémissements.

Mulrady était là, blessé, mourant, et quand ses compagnons le soulevèrent, ils sentirent leurs mains se mouiller de sang.

Ce fut au milieu des coups de la rafale que Glenarvan, le major et John Mangles transportèrent le corps de Mulrady.

A leur arrivée, chacun se leva.

Mac Nabbs le pansa adroitement. Au bout d'un quart d'heure, le blessé, immobile jusqu'alors, fit un mouvement. Ses yeux s'entrouvrirent. Ses lèvres murmurèrent des mots sans suite, et le major, approchant son oreille, l'entendit répéter:

—Mylord... la lettre... Ben Joyce...

Glenarvan visita les poches de Mulrady. La lettre adressée à Tom Austin ne s'y trouvait plus!

La nuit se passa dans les inquiétudes et les angoisses.

Le jour parut. La pluie avait cessé.

John Mangles, Paganel et Glenarvan allèrent dès le point du jour faire une reconnaissance autour du campement.

En revenant, ils trouvèrent leurs compagnons moins affectés. Ils semblaient avoir repris espoir.

—Il va mieux! Il va mieux! s'écria Robert en courant au-devant de Lord Glenarvan.

—Mulrady?...

—Oui! Edward, répondit Lady Helena. Une réaction s'est opérée. Le major est plus rassuré. Notre matelot vivra.

—Où est Mac Nabbs? demanda Glenarvan.

—Près de lui. Mulrady a voulu l'entretenir. Il ne faut pas les troubler.

Glenarvan l'interrogea, et voici en substance ce que le major venait d'apprendre.

En quittant le campement, Mulrady suivit un des sentiers indiqués par Paganel. Il se hâtait, autant du moins que le permettait l'obscurité de la nuit. D'après son estime, il avait franchi une distance de deux milles environ, quand plusieurs hommes —cinq, croit-il— se jetèrent à la tête de son cheval. L'animal se cabra. Mulrady saisit son revolver et fit feu. Il lui parut que deux des assaillants tombaient. A la lueur de la détonation, il reconnut Ben Joyce. Mais ce fut tout. Il n'eut pas le temps de décharger entièrement son arme. Un coup violent lui fut porté au côté droit, et le renversa.

Cependant, il n'avait pas encore perdu connaissance. Les meurtriers le croyaient mort. Il sentit qu'on le fouillait. Puis, ces paroles furent prononcées: ''J'ai la lettre, dit un des convicts. Donne, répondit Ben Joyce, et maintenant le *Duncan* est à nous!''

A cet endroit du récit de Mac Nabbs, Glenarvan ne put retenir un cri.
Mac Nabbs, continua:

'' —A présent, vous autres, reprit Ben Joyce, attrapez le cheval. Dans
deux jours, je serai à bord du *Duncan;* dans six, à la baie Twofold. C'est
là le rendez-vous. La troupe du mylord sera encore embourbée dans les
marais de la Snowy. Passez la rivière au pont de Kemple-Pier, gagnez la
côte, et attendez-moi. Je trouverai bien le moyen de vous introduire à
bord. Une fois l'équipage à la mer, avec un navire comme le *Duncan,* nous
serons les maîtres de l'océan Indien.

—Hurrah pour Ben Joyce! s'écrièrent les convicts''.

—Il faut que nous arrivions à la côte avant ces misérables! dit Paganel.

—Mais comment franchir la Snowy? dit Wilson.

—Comme eux, répondit Glenarvan. Ils vont passer au pont de Kemple-Pier, nous y passerons aussi.

—Mylord, dit alors John Mangles, avant de risquer notre dernière chance, avant de s'aventurer vers ce pont, il est prudent d'aller le reconnaître. Je m'en charge.

—Je vous accompagnerai, John, répondit Paganel.

Les deux courageux compagnons partirent, et disparurent bientôt.

Enfin, vers onze heures, Wilson signala leur retour. Paganel et John Mangles étaient harassés par les fatigues d'une marche de dix milles.

—Ce pont! Ce pont existe-t-il? demanda Glenarvan, qui s'élança au-devant d'eux.

—Oui! un pont de lianes, dit John Mangles. Les convicts l'on passé, en effet. Mais...

—Mais..., fit Glenarvan qui pressentait un nouveau malheur.

—Ils l'ont brûlé après leur passage! répondit Paganel.

EDEN

Ce n'était pas le moment de se désespérer, mais d'agir. Le pont de Kemple-Pier détruit, il fallait passer la Snowy, coûte que coûte, et devancer la troupe de Ben Joyce sur les rivages de Twofold-Bay. Aussi ne perdit-on pas de temps en vaines paroles, et le lendemain, le 16 janvier, John Mangles et Glenarvan vinrent observer la rivière, afin d'organiser le passage.

Le major et Glenarvan remontèrent la Snowy pendant cinq milles sans trouver un passage guéable. Partout même impétuosité des eaux, même rapidité torrentueuse. Tout le versant méridional des Alpes australiennes versait dans cet unique lit ses masses liquides.

Il fallut renoncer à l'espoir de sauver le *Duncan*. Cinq jours s'étaient écoulés depuis le départ de Ben Joyce. Le yacht devait être déjà aux mains des convicts! Cependant, il était impossible que cet état de choses se prolongeât. En effet, Paganel, dans la matinée du 21, constata que l'élévation des eaux, au-dessus de l'étiage, commençait à diminuer.

Aussitôt, John Mangles et Wilson s'occupèrent de construire une embarcation de grande dimension. Ce travail fut long, et la journée s'écoula sans que l'appareil fût terminé. Il ne fut achevé que le lendemain.

Alors, les eaux de la Snowy avaient sensiblement baissé. Le torrent redevenait rivière, à courant rapide, il est vrai. Cependant, en biaisant, en le maîtrisant dans une certaine limite, John espérait atteindre la rive opposée.

A midi et demi, on embarqua ce que chacun pouvait emporter de vivres pour un trajet de deux jours. Mulrady allait assez bien pour être transporté.

Le radeau, après une traversée qui dura plus d'une demi-heure, vint heurter le talus à pic de la rive. Le choc fut violent; les troncs se disjoignirent, les cordes se cassèrent, l'eau pénétra en bouillonnant. Les voyageurs n'eurent que le temps de s'accrocher aux buissons qui surplombaient. Ils tirèrent à eux Mulrady et les deux femmes à demi trempés. Bref, tout le monde fut sauvé, mais la plus grande partie des provisions embarquées et les armes, excepté la carabine du major, s'en allèrent à la dérive avec les débris du radeau.

La rivière était franchie. La petite troupe se trouvait à peu près sans ressources, au milieu de ces déserts inconnus de la frontière victorienne.

On résolut de partir sans délai.

Ce fut silencieusement et péniblement que se passa cette première journée.

Le 24, les voyageurs fatigués, mais toujours énergiques, se remirent en route.

Ce matin-là, il ne fut pas question de déjeuner. Rien d'aride comme cette région semée de débris de quartz. Non seulement la faim, mais aussi la soif se fit cruellement sentir.

Le lendemain, 25, Mulrady fit une partie de la route à pied. Sa blessure était entièrement cicatrisée. La ville de Delegete n'était plus qu'à dix milles, et le soir, on campa par 149° de longitude sur la frontière même de la Nouvelle-Galles du Sud.

Le lendemain, on partit dès l'aube. A onze heures, apparut Delegete, dans le comté de Wellesley, à cinquante milles de la baie Twofold.

Là, des moyens de transport furent rapidement organisés. En se sentant si près de la côte, l'espoir revint au cœur de Glenarvan. Peut-être, s'il y avait eu le moindre retard, devancerait-il l'arrivée du *Duncan!* En vingt-quatre heures, il serait parvenu à la baie!

A midi, après un repas réconfortant, tous les voyageurs, installés dans un mail-coach, quittèrent Delegete au galop de cinq chevaux vigoureux.

Quand la mer apparut, tous les regards se portèrent au large, interrogeant l'espace.

On ne vit rien. Pas une voile n'animait la vaste étendue de l'Océan.

—Je veux savoir à quoi m'en tenir, dit Glenarvan. Mieux vaut la certitude que le doute!

Un quart d'heure après, un télégramme était lancé au syndic des ship-brokers de Melbourne. Puis, les voyageurs se firent conduire à l'hôtel *Victoria.*

A deux heures, une dépêche télégraphique fut remise à Lord Glenarvan. Elle était libellée en ces termes:

> ''Lord Glenarvan, Eden,
> Twofold-Bay.

> *Duncan* parti depuis 18 courant pour destination inconnue.

> J. Andrew. S. B.''

La dépêche tomba des mains de Glenarvan.

Ainsi finissait cette traversée de l'Australie, commencée sous de si favorables auspices. Les traces du capitaine Grant et des naufragés semblaient être irrévocablement perdues.

TROISIÈME PARTIE

LE MACQUARIE

Si jamais les chercheurs du capitaine Grant devaient désespérer de le revoir, n'était-ce pas en ce moment où tout leur manquait à la fois? Le *Duncan* n'existait plus, et un rapatriement immédiat n'était pas même possible. Ainsi donc l'entreprise de ces généreux Ecossais avait échoué. L'insuccès!

Mary Grant, dans cette situation, eut le courage de ne plus prononcer le nom de son père. Elle contint ses angoisses en songeant au malheureux équipage qui venait de périr. La première, elle parla du retour en Ecosse. A la voir si courageuse, si résignée, John Mangles l'admira. Il voulut faire entendre un dernier mot en faveur du capitaine, mais Mary l'arrêta d'un regard, et, plus tard, elle lui dit:

—Non! monsieur John, songeons à ceux qui se sont dévoués. Il faut que Lord Glenarvan retourne en Europe!

—Vous avez raison, Miss Mary, répondit John Mangles, il le faut. Mais ne renoncez pas à tout espoir. Je retrouverai le capitaine Grant, ou je succomberai à la tâche!

Pendant cette journée, le départ fut décidé définitivement. On résolut de gagner Melbourne sans retard. Le lendemain, John alla s'enquérir des navires en partance. Il comptait trouver des communications fréquentes entre Eden et la capitale de Victoria.

Son attente fut déçue. Les navires étaient rares. Trois ou quatre bâtiments, ancrés dans la baie de Twofold, composaient toute la flotte marchande de l'endroit.

Dans cette conjoncture, que faire? Paganel fit une proposition à laquelle personne ne s'attendait.

Le géographe avait été rendre de son côté une visite à la baie Twofold. Mais des trois navires mouillés en rade, l'un se préparait à partir pour Auckland, la capitale d'Ika-na-Maoui, l'île nord de la Nouvelle-Zélande. Or, Paganel proposa de fréter le bâtiment en question, et de gagner Auckland, d'où il serait facile de retourner en Europe par les bateaux de la Compagnie péninsulaire.

John Mangles appuya la proposition de Paganel. Mais, avant de passer outre, il jugea convenable de visiter le bâtiment signalé par le géographe. Glenarvan, le major, Paganel, Robert et lui prirent une embarcation, et, en quelques coups d'avirons, ils accostèrent le navire mouillé à deux encablures du quai.

C'était un brik de deux cent cinquante tonneaux, nommé le *Macquarie*. Il faisait le cabotage entre les différents ports de l'Australie et de la Nouvelle-Zélande. Le capitaine, ou, pour mieux dire, le ''master'', reçut assez grossièrement ses visiteurs.

—Que voulez-vous, vous autres? demanda Will Halley à ces inconnus qui prenaient pied sur le pont de son navire.

—Le capitaine? répondit John Mangles.

—C'est moi, dit Halley. Après?

—Le *Macquarie* est en charge pour Auckland.

—Oui. Après?

—Prendrait-il des passagers?

—Oui. Combien sont-ils?

—Neuf, dont deux dames.

—Qu'est-ce qu'on paie? dit-il.

—Qu'est-ce qu'on demande? répondit John.

—Cinquante livres.

Glenarvan fit un signe d'assentiment.

—Bon! Cinquante livres, répondit John Mangles.

—Demain à bord, fit le ''master''. Avant midi. Qu'on y soit ou qu'on n'y soit pas, je dérape.

—On y sera.

Lady Helena et Mary Grant apprirent avec plaisir que le départ était fixé au lendemain. Glenarvan leur fit observer que le *Macquarie* ne valait pas le *Duncan* pour le confort. Mais, après tant d'épreuves, elles n'étaient pas femmes à s'embarrasser de si peu.

Le lendemain, 29 janvier, les passagers du *Macquarie* étaient installés à bord dans l'étroit roufle du brick.

A midi et demi, on appareilla avec le jusant. L'ancre vint à pic et fut péniblement arrachée du fond. Il ventait du sud-ouest une brise modérée. Les voiles furent larguées peu à peu. Les cinq hommes du bord manœuvraient lentement. Wilson voulut aider l'équipage. Mais Halley le pria de se tenir tranquille et de ne point se mêler de ce qui ne le regardait pas. Il avait l'habitude de se tirer tout seul d'affaire et ne demandait ni aide ni conseils.

Ceci était à l'adresse de John Mangles, que la gaucherie de certaines manœuvres faisait sourire. John le tint pour dit, se réservant d'intervenir de fait, sinon de droit, au cas où la maladresse de l'équipage compromettrait la sûreté du navire.

LES BRISANTS

Le 2 février, six jours après son départ, le *Macquarie* n'avait pas encore connaissance des rivages d'Auckland. Le vent était bon pourtant, et se maintenait dans le sud-ouest; mais les courants le contrariaient, et c'est à peine si le brick étalait.

John Mangles espérait que cette méchante carcasse atteindrait le port sans autre mésaventure, mais il souffrait à voir ses compagnons si mal installés à bord de ce brick.

De tous les passagers du *Macquarie,* le plus à plaindre était Lord Glenarvan. On le voyait rarement dans le roufle. Le jour, la nuit même, sans s'inquiéter des torrents de pluie et des paquets de mer, il restait sur le pont. Ce jour-là, Glenarvan, partout où se faisait une trouée dans la brume, scrutait l'horizon avec un entêtement plus tenace. John s'approcha de lui:

—Votre Honneur cherche la terre? lui demanda-t-il.

Glenarvan fit de la tête un signe négatif.

—Ce n'est pas la terre que je cherche.

—Que voulez-vous, mylord?

—Mon yacht! mon *Duncan!* répondit Glenarvan avec colère. Il doit être là, dans ces parages, et j'ai le pressentiment que nous le rencontrerons!

—Dieu nous préserve de cette rencontre, mylord!

—Pourquoi, John?

—Votre Honneur oublie notre situation! Que ferions-nous sur ce brick, si le *Duncan* lui donnait la chasse! Nous ne pourrions pas même fuir!

John Mangles avait raison. La rencontre du *Duncan* eût été funeste au *Macquarie.* Or, cette rencontre était à craindre dans ces mers resserrées que les pirates pouvaient écumer sans risques. Cependant, ce jour-là, du moins, le yacht ne parut pas, et la sixième nuit depuis le départ de Twofold-Bay arriva sans que les craintes de John Mangles se fussent réalisées.

Mais cette nuit devait être terrible. L'obscurité se fit presque subitement à sept heures du soir. Le ciel était très menaçant.

Deux heures se passèrent. La mer grossissait.

Vers onze heures et demie, John Mangles et Wilson, qui se tenaient au bord sous le vent, furent frappés d'un bruit insolite. Leur instinct d'homme de mer se réveilla. John saisit la main du matelot.

—Le ressac! lui dit-il.

—Oui, répondit Wilson. La lame brise sur des bancs.

—A deux encablures au plus?

—Au plus! La terre est là!

John se pencha au-dessus des bastingages, regarda les flots sombres et s'écria:

—La sonde! Wilson! la sonde!

Le master, posté à l'avant, ne semblait pas se douter de sa position. Wilson saisit la ligne de sonde lovée dans sa baille et s'élança dans les porte-haubans de misaine. Il jeta le plomb; la corde fila entre ses doigts. Au troisième nœud, le plomb s'arrêta.

—Trois brasses! cria Wilson.

—Capitaine, dit John, courant à Will Halley, nous sommes sur les brisants.

Vit-il ou non Halley lever les épaules, peu importe. Mais il se précipita vers le gouvernail, mit la barre dessous, tandis que Wilson, lâchant la sonde, halait sur les bras du grand hunier pour faire lofer le navire. Le matelot qui gouvernait, vigoureusement repoussé, n'avait rien compris à cette attaque subite.

—Aux bras du vent! larguez! larguez! criait le jeune capitaine en manœuvrant de manière à s'élever des récifs.

La prompte manœuvre de John Mangles venait d'éloigner le *Macquarie* des brisants. Mais John ignorait sa position. Peut-être se trouvait-il serré dans une ceinture de récifs. Le vent portait en plein dans l'est, et, à chaque coup de tangage, on pouvait toucher.

Bientôt, en effet, le bruit du ressac redoubla par tribord devant. Il fallut lofer encore.

—La barre dessous, toute! cria John Mangles à Wilson.

Le *Macquarie* commença à se rapprocher de la nouvelle ligne de récifs. Bientôt, la mer écuma au choc des roches immergées.

Ce fut un inexprimable moment d'angoisse. L'écume rendait les lames lumineuses. Wilson et Mulrady, courbés sur la roue du gouvernail, pesaient de tout leur poids. La barre venait à toucher.

Soudain, un choc eut lieu. Le *Macquarie* avait donné sur une roche.

Son évolution fut arrêtée net. Une haute vague le prit en dessous, le porta plus avant sur les récifs, et il retomba avec une violence extrême. Le brick talonna deux fois et resta immobile, donnant sur tribord une bande de trente degrés.

—La vérité, John? demanda froidement Glenarvan.

—La vérité, mylord, répondit John Mangles, est que nous ne coulerons pas.

—Il est minuit?

—Oui, mylord, et il faut attendre le jour.

—Ne peut-on mettre le canot à la mer?

—Par cette houle, et dans cette obscurité, c'est impossible! Et d'ailleurs, en quel endroit accoster la terre?

—Eh bien, John, restons ici jusqu'au jour.

Vers quatre heures, les premières clartés apparurent dans l'est. Une faible houle agitait encore la mer, et les flots du large se perdaient au milieu d'épaisses nuées immobiles.

John attendit. La lumière s'accrut peu à peu, l'horizon se piqua de tons rouges.

—La terre! s'écria John Mangles.

Ses compagnons, réveillés à sa voix, s'élancèrent sur le pont du brick, et regardèrent en silence la côte qui s'accusait à l'horizon. Hospitalière ou funeste, elle devait être leur lieu de refuge.

—Où est Will Halley? demanda Glenarvan.

—Je ne sais, mylord, répondit John Mangles.

—Et ses matelots?

—Disparus comme lui.

—Quoi! personne? dit Glenarvan.

—Sont-ils tombés à la mer? demanda Paganel.

—Tout est possible, répondit John Mangles, très soucieux de cette disparition.

Puis, se dirigeant vers l'arrière:

—Au canot, dit-il.

Wilson et Mulrady le suivirent pour mettre le youyou à la mer. Le youyou avait disparu.

LES MATELOTS IMPROVISÉS

Will Halley et son équipage, profitant de la nuit et du sommeil des passagers, s'étaient enfuis sur l'unique canot du brick.

—Que faut-il faire? demanda Glenarvan.

Le jeune capitaine promena son regard sur la mer, observa la mâture incomplète du brick et dit, après quelques instants de réflexion:

—Nous avons deux moyens, mylord, de nous tirer de cette situation: relever le bâtiment et reprendre la mer, ou gagner la côte sur un radeau qui sera facile à construire.

—Si le bâtiment peut être relevé, relevons-le, répondit Glenarvan.

—Voyons donc l'état du navire, dit le major. Cela importe avant tout.

Glenarvan, John et Mulrady ouvrirent le grand panneau et descendirent dans la cale.

Deux coutures du bordage s'étaient ouvertes à bâbord, à la hauteur des préceintes. Or, le *Macquarie* donnant sa bande sur tribord, sa gauche opposée émergeait, et les coutures défectueuses étaient à l'air. L'eau ne pouvait donc pénétrer. D'ailleurs, Wilson se hâta de rétablir le joint des bordages avec de l'étoupe et une feuille de cuivre soigneusement clouée.

Restaient à prendre les positions pour renflouer le *Macquarie*. Travail long et pénible. Il serait évidemment impossible d'être paré pour la pleine mer de midi un quart. On verrait seulement comment se comporterait le brick, en partie déchargé, sous l'action du flot, et à la marée suivante on donnerait le coup de collier.

—A l'ouvrage! commanda John Mangles.

Tout le monde, matelots et passagers, fut appelé sur le pont. Chacun prit part à la besogne. John Mangles laissa Glenarvan suivre les opérations commencées, et s'occupa de relever sa position. Il avait trouvé dans la chambre de Will Halley, avec un annuaire de l'observatoire de Greenwich, un sextant très sale, mais suffisant pour obtenir le point.

La situation du *Macquarie* se déterminait ainsi: longitude 171° 13', latitude 38°.

En consultant la carte de Johnston achetée par Paganel à Eden, John Mangles vit que le naufrage avait eu lieu à l'ouvert de la baie d'Aotea, au-dessus de la pointe Cahua, sur les rivages de la province d'Auckland.

109

La ville d'Auckland étant située sur le 37e parallèle, le *Macquarie* avait été rejeté d'un degré dans le sud. Il devrait donc remonter d'un degré pour atteindre la capitale de la Nouvelle-Zélande.

Le point établi, les opérations furent reprises.

Minuit sonnait quand les derniers travaux furent achevés. L'équipage était sur les dents, circonstance regrettable, au moment où il n'aurait pas trop de toutes ses forces pour virer au guindeau: ce qui amena John Mangles à prendre une résolution nouvelle.

L'opération fut remise au lendemain. La nuit se passa bien.

Le jour parut. Il ventait une brise du nord-nord-ouest qui tendait à fraîchir. C'était un surcroît de force très avantageux. L'équipage fut mis en réquisition.

Cependant, le flot montait. La surface de la mer se soulevait en petites vagues houleuses. Une fiévreuse impatience tenait les esprits en surexcitation. Personne ne parlait. On regardait John. On attendait un ordre de lui. A une heure, la mer atteignit son plus haut point. Il fallait opérer sans retard. La grand-voile et le grand hunier furent largués et coiffèrent le mât sous l'effort du vent.

—Au guindeau! cria John.

Le câble et le grelin se tendirent sous la puissante action du guindeau. Les ancres tinrent bon et ne chassèrent point. Le vent donnait avec violence et masquait les voiles contre le mât. Quelques tressaillements se firent sentir dans la coque. Le brick parut près de se soulever.

Mais ce fut tout. Le brick ne bougea pas. L'opération était manquée.

Le premier moyen de salut tenté par John Mangles avait échoué. Il fallait recourir au second sans tarder. John voulait gagner la terre.

Il proposa donc de construire un radeau.

Il n'y avait pas à discuter, mais à agir. Les travaux furent commencés, et ils étaient fort avancés, quand la nuit vint les interrompre.

Le lendemain, 5 février, à huit heures, la construction du radeau était achevée.

John, voyant le vent favorable, fit installer au centre de l'appareil la vergue du petit perroquet en guise de mât. Elle fut maintenue par des haubans et munie d'une voile de fortune. Un grand aviron à large pelle fixé à l'arrière permettait de gouverner l'appareil, si le vent lui imprimait une vitesse suffisante.

D'abord les vivres furent embarqués en suffisante quantité pour durer jusqu'à Auckland, car il ne fallait pas compter sur les productions de cette terre ingrate.

On mit en lieu sûr et au sec les armes et les munitions.

Une ancre à jet fut également embarquée pour le cas où John, ne pouvant atteindre la terre dans une marée, serait forcé de mouiller au large.

A dix heures, le flot commença à se faire sentir. La brise soufflait faiblement du nord-ouest. Une légère houle ondulait la surface de la mer.

—Sommes-nous prêts? demanda John Mangles.

—Tout est paré, capitaine, répondit Wilson.

—Embarque! cria John.

La voile fut déployée, et l'appareil commença à se diriger vers la terre sous la double action de la marée et du vent.

La côte restait à neuf milles, distance médiocre qu'un canot armé de bons avirons eût franchie en trois heures. Mais, avec le radeau, il fallait en rabattre.

A midi, il était encore à cinq milles de la côte.

A midi et demi, Paganel fit remarquer que tous les écueils avaient disparu sous la marée montante.

—Sauf un, répondit Lady Helena.

—Lequel, madame? demanda Paganel.

—Là, répondit Lady Helena, indiquant un point noir à un mille en avant.

John le regardait attentivement, et, pour le mieux observer, il emprunta la longue-vue de Paganel.

—Ce n'est point un récif, dit-il, après un instant d'examen; je le reconnais, c'est le canot!

—Le canot du brick! dit Glenarvan.

—Oui, mylord. Le canot du brick, la quille renversée!

—Les malheureux! s'écria Lady Helena; ils ont péri!

—Mais ce canot peut nous être utile, dit Glenarvan.

—En effet, répondit John Mangles. Mets le cap dessus, Wilson.

La direction du radeau fut modifiée, mais la brise tomba peu à peu, et l'on n'atteignit pas l'embarcation avant deux heures.

Mulrady, placé à l'avant, para le choc, et le youyou chaviré vint se ranger le long du bord.

—Vide? demanda John Mangles.

—Oui, capitaine, répondit le matelot; le canot est vide, et ses bordages se sont ouverts. Il ne saurait donc nous servir.

—En route, Wilson, reprit le jeune capitaine, et droit sur la côte.

Le flot devait encore monter pendant une heure environ. On put franchir une distance de deux milles. Mais alors la brise tomba presque entièrement et parut avoir une certaine tendance à se lever de terre. Le radeau resta immobile. Bientôt même, il commença à dériver vers la pleine mer sous la poussée du jusant. John ne pouvait hésiter une seconde.

—Mouille! cria-t-il.

La nuit approchait. Déjà, le disque du soleil, allongé par la réfraction, et d'un rouge de sang, allait disparaître derrière l'horizon.

Le rapide crépuscule retarda de quelques minutes à peine la formation des ténèbres, et bientôt la terre, qui bornait les horizons de l'est et du nord, se fondit dans la nuit.

Au lever du jour, tous étaient brisés par les fatigues de la nuit.

Avec la mer montante, le vent reprit du large. Il était six heures du matin. Le temps pressait. John fit ses dispositions pour l'appareillage.

La voile fut larguée. On dériva lentement vers la terre qui s'estompait en masses grisâtres sur un fond de ciel illuminé par le soleil levant.

A dix heures, John se vit à peu près stationnaire, à trois encablures du rivage. Pas d'ancre à mouiller.

Heureusement —heureusement cette fois—, un choc eut lieu. Le radeau s'arrêta. Il venait d'échouer à haute mer, sur un fond de sable à vingt-cinq brasses de la côte.

Glenarvan, Robert, Wilson, Mulrady, se jetèrent à l'eau. Le radeau fut fixé solidement par des amarres sur les écueils voisins. Les voyageuses, portées de bras en bras, atteignirent la terre sans avoir mouillé un pli de leurs robes, et bientôt, tous, avec armes et vivres, eurent pris définitivement pied sur ces redoutables rivages de la Nouvelle-Zélande.

Glenarvan aurait voulu, sans perdre une heure, suivre la côte et remonter vers Auckland. Mais, depuis le matin, le ciel s'était chargé de gros nuages, et vers onze heures, après le débarquement, les vapeurs se condensèrent en pluie violente. De là, impossibilité de se mettre en route et nécessité de chercher un abri.

Wilson découvrit fort à propos une grotte creusée par la mer dans les roches basaltiques du rivage. Les voyageurs s'y réfugièrent avec armes et provisions. Là se trouvait toute une récolte de varech desséché, jadis engrangée par les flots. C'était une literie naturelle dont on s'accommoda. Quelques morceaux de bois furent empilés à l'entrée de la grotte, puis allumés, et chacun s'y sécha de son mieux.

John espérait que la durée de cette pluie diluvienne serait en raison inverse de sa violence. Il n'en fut rien. Les heures passèrent sans amener une modification dans l'état du ciel. Le vent fraîchit vers midi et accrut encore la bourrasque. Ce contretemps eût impatienté le plus patient des hommes. Mais qu'y faire? C'eût été folie de braver sans véhicule une pareille tempête. D'ailleurs, quelques jours devaient suffire pour gagner Auckland, et un retard de douze heures ne pouvait préjudicier à l'expédition, si les indigènes n'arrivaient pas.

TRENTE MILLES AU NORD

Le 7 février, à six heures du matin, le signal du départ fut donné par Glenarvan. La pluie avait cessé pendant la nuit. La température modérée permettait d'affronter les fatigues d'un voyage diurne.

Paganel avait mesuré sur la carte une distance de quatre-vingts milles entre la pointe de Cahua et Auckland; c'était un voyage de huit jours, à dix milles par vingt-quatre heures. Mais, au lieu de suivre les rivages sinueux de la mer, il lui parut bon de gagner à trente milles le confluent du Waikato et du Waipa, au village de Ngarnavahia. Là, passe l'''overland mail track'', route, pour ne pas dire sentier, praticable aux voitures, qui traverse une grande partie de l'île depuis Napier sur la baie Hawkes jusqu'à Auckland. Alors, il serait facile d'atteindre Drury.

Les voyageurs, munis chacun de leur part de vivres, commencèrent à tourner les rivages de la baie Aotea. Par prudence, ils ne s'écartaient point les uns des autres, et par instinct, leurs carabines armées, ils surveillaient les plaines ondulées de l'est.

A dix heures, halte pour déjeuner au pied de grands rocs de basalte disposés comme des dolmens celtiques sur le bord de la mer.

La halte finie, on continua de suivre les rivages de la baie. A quatre heures du soir, dix milles avaient été franchis sans peine ni fatigue. Les voyageuses demandèrent à continuer leur marche jusqu'à la nuit. En ce moment, la direction de la route dut être modifiée; il fallait, en tournant le pied de quelques montagnes qui apparaissaient au nord, s'engager dans la vallée du Waipa.

Cependant, à huit heures du soir, les premières croupes des Hakarihoata-Ranges furent tournées, et le campement organisé sans retard.

Après une traite de quatorze milles, il était permis de songer au repos. Chacun se disposa pour dormir.

Le lendemain, 8 février, Paganel se réveilla plus confiant et presque réconcilié avec le pays. Les Maoris, qu'il redoutait particulièrement, n'avaient point paru.

—Je pense donc, dit-il, que cette petite promenade s'achèvera sans encombre.

—Quelle distance avons-nous à parcourir, demanda Glenarvan, pour atteindre le confluent du Waipa et du Waikato?

—Quinze milles, à peu près le chemin que nous avons fait hier.

—Partons donc, répondit Glenarvan, qui vit les voyageuses prêtes à se mettre en route.

Pendant les premières heures de cette journée, les taillis retardèrent encore la marche.

La petite troupe éprouva mille difficultés à franchir les plaines où se dressent les collines d'Hakarihoata. Mais, avant midi, elle atteignit les rives du Waipa et remonta sans peine vers le nord par les berges de la rivière.

A quatre heures du soir, neuf milles avaient été gaillardement enlevés. Suivant la carte que Paganel consultait incessamment, le confluent du Waipa et du Waikato devait se rencontrer à moins de cinq milles. Là, passait la route d'Auckland. Là, le campement serait établi pour la nuit.

Deux heures après, les premières ombres du soir commençaient à descendre des montagnes.

Glenarvan et les siens hâtèrent le pas. Ils connaissaient la brièveté du crépuscule sous cette latitude déjà élevée, et combien se fait vite cet envahissement de la nuit. Il s'agissait d'atteindre le confluent des deux rivières avant l'obscurité profonde. Mais un épais brouillard se leva de terre et rendit très difficile la reconnaissance de la route.

Bientôt, un murmure plus accentué des eaux indiqua la réunion des deux fleuves dans un même lit. A huit heures, la petite troupe arrivait à ce point où le Waipa se perd dans le Waikato, non sans quelques mugissements des ondes heurtées.

—Le Waikato est là, s'écria Paganel, et la route d'Auckland remonte le long de sa rive droite.

—Nous la verrons demain, répondit le major. Campons ici. Soupons et dormons.

—Soupons, dit Paganel, mais de biscuits et de viande sèche, sans allumer un feu. Nous sommes arrivés ici incognito, tâchons de nous en aller de même!

LE FLEUVE NATIONAL

Le lendemain, au lever du jour, un brouillard assez dense rampait lourdement sur les eaux du fleuve.

Lorsque les vapeurs se levèrent, une embarcation se montra, qui remontait le courant du Wikato. C'était un canot long de soixante-dix pieds, large de cinq, profond de trois, l'avant relevé comme une gondole vénitienne, et taillé tout entier dans le tronc d'un sapin kahikatea. Un lit de fougère sèche en garnissait le fond. Huit avirons à l'avant le faisaient voler à la surface des eaux, pendant qu'un homme, assis à l'arrière, le dirigeait au moyen d'une pagaie mobile.

C'était un chef maori, et de haut rang. On le voyait au tatouage fin et serré qui zébrait son corps et son visage.

Auprès de lui, neuf guerriers d'un moindre rang, mais armés, l'air farouche, quelques-uns souffrant encore de blessures récentes, demeuraient dans une immobilité parfaite, enveloppés de leur manteau de phormium.

Au centre de ce long canot, les pieds attachés, mais les mains libres, dix prisonniers européens se tenaient serrés les uns contre les autres.

C'étaient Glenarvan et Lady Helena, Mary Grant, Robert, Paganel, le major, John Mangles, le steward, les deux matelots.

La veille au soir, toute la petite troupe, trompée par l'épais brouillard, était venue camper au milieu d'un nombreux parti d'indigènes. Vers le milieu de la nuit, les voyageurs, surpris dans leur sommeil, furent faits prisonniers, puis transportés à bord de l'embarcation.

Ils ne tardèrent pas à apprendre, en saisissant quelques mots anglais dont se servaient les indigènes, que ceux-ci, refoulés par les troupes britanniques, battus et décimés, regagnaient les districts du haut Waikato. Le chef maori, après une opiniâtre résistance, ses principaux guerriers massacrés par les soldats du 42e régiment, revenait faire un nouvel appel aux tribus du fleuve, afin de rejoindre l'indomptable William Thompson, qui luttait toujours contre les conquérants. Ce chef se nommait ''Kai-Koumou'', nom sinistre en langue indigène, qui signifie ''celui qui mange les membres de son ennemi''. Il était brave, audacieux, mais sa cruauté égalait sa valeur. Il n'y avait aucune pitié à attendre de lui. Son nom était bien connu des soldats anglais, et sa tête venait d'être mise à prix par le gouverneur de la Nouvelle-Zélande.

Depuis le départ du campement, les indigènes, peu loquaces comme tous les sauvages, avaient à peine parlé entre eux. Cependant, à quelques mots échangés, Glenarvan reconnut que la langue anglaise leur était familière. S'adressant à Kai-Koumou, il lui dit d'une voix exempte de toute crainte:

—Que comptes-tu faire de nous?

Les yeux de Kai-Koumou brillèrent d'un éclair rapide, et, d'une voix grave, il répondit alors:

—T'échanger, si les tiens veulent de toi; te tuer, s'ils refusent.

Glenarvan n'en demanda pas davantage, mais l'espoir lui revint au cœur. Il y avait donc là une chance de salut, et la situation n'était pas désespérée.

Cependant, le canot remontait rapidement le cours du fleuve.

Paganel connaissait la vénération des indigènes pour cette grande artère zélandaise. Jusqu'où le bon plaisir de Kai-Koumou allait-il entraîner ses captifs? Il n'aurait pu le deviner, si le mot "Taupo", fréquemment répété entre le chef et ses guerriers, n'eût éveillé son attention.

Il consulta sa carte et vit que ce nom de Taupo s'appliquait à un lac. Le Waikato sort de ce lac, après l'avoir traversé dans toute sa largeur. Or, du confluent au lac, le fleuve se développe sur un parcours de cent vingt milles environ.

Paganel, s'adressant en français à John Mangles pour ne pas être compris des sauvages, le pria d'estimer la vitesse du canot. John la porta à trois milles à peu près par heure.

—Alors, répondit le géographe, si nous faisons halte pendant la nuit, notre voyage jusqu'au lac durera près de quatre jours.

LE LAC TAUPO

Un gouffre insondable, long de vingt-cinq milles, large de vingt, s'est un jour formé, bien avant les temps historiques, par un écroulement de cavernes au milieu des laves trachytiques du centre de l'île. Les eaux, précipitées de sommets environnants, ont envahi cette énorme cavité. Le gouffre s'est fait lac, mais abîme toujours, et les sondes sont encore impuissantes à mesurer sa profondeur.

Tel est cet étrange lac Taupo, élevé à douze cent cinquante pieds au-dessus du niveau de la mer, et dominé par un cirque de montagnes hautes de quatre cents toises.

Kai-Koumou, en quittant les eaux du Waikato, traversa la petite crique qui sert d'entonnoir au fleuve, doubla un promontoire aigu, et accosta la grève orientale du lac, au pied des premières ondulations du mont Manga, grosse extumescence haute de trois cents toises. Là, s'étalaient des champs de ''phormium'', le lin précieux de la Nouvelle-Zélande. C'est le ''harakeké'' des indigènes.

A un quart de mille, sur un escarpement de la montagne, apparaissait un ''pah'', retranchement maori placé dans une position inexpugnable. Les prisonniers, débarqués un à un, les pieds et les mains libres, y furent conduits par les guerriers.

Après un assez long détour, Glenarvan, Lady Helena, Mary Grant et leurs compagnons arrivèrent à l'intérieur du pah.

En y arrivant, les captifs furent horriblement impressionnés à la vue des têtes qui ornaient les poteaux de la seconde enceinte. Lady Helena et Mary Grant détournèrent les yeux avec plus de dégoût encore que d'épouvante. Ces têtes avaient appartenu aux chefs ennemis tombés dans les combats, et les corps avaient servi de nourriture aux vainqueurs.

Kai-Koumou fit conduire ses captifs en un lieu sacré, situé à l'autre extrémité du pah sur un plateau abrupt. Cette hotte s'appuyait à un massif élevé d'une centaine de pieds au-dessus d'elle, qui terminait par un talus assez roide ce côté du retranchement.

Là, les captifs s'étendirent sur des nattes de phormium.

Robert, à peine enfermé, se hissa sur les épaules de Wilson, et parvint à glisser sa tête par un interstice ménagé entre le toit et la muraille, où pendaient des chapelets d'amulettes. De là, son regard embrassait toute l'étendue du pah jusqu'à la case de Kai-Koumou.

—Kai-Koumou est resté seul avec les guerriers de son embarcation... Ah! l'un d'eux se dirige vers notre case...

—Descends, Robert, dit Glenarvan.

En ce moment, Lady Helena, qui s'était relevée, saisit le bras de son mari.

—Edward, dit-elle d'une voix ferme, ni Mary Grant ni moi nous ne devons tomber vivantes entre les mains de ces sauvages!

Et, ces paroles dites, elle tendit à Glenarvan un revolver chargé.

—Une arme! s'écria Glenarvan, dont un éclair illumina les yeux.

—Oui! Les Maoris ne fouillent pas leurs prisonnières! Mais, cette arme, c'est pour nous, Edward, non pour eux!...

—Glenarvan, dit rapidement Mac Nabbs, cachez ce revolver! Il n'est pas temps encore...

Le revolver disparut sous les vêtements du lord. La natte qui fermait l'entrée de la case se souleva. Un indigène parut.

Il fit signe aux prisonniers de le suivre. Glenarvan et les siens, en groupe serré, traversèrent le pah, et s'arrêtèrent devant Kai-Koumou.

Autour de ce chef étaient réunis les principaux guerriers de sa tribu. Parmi eux se voyait Kara-Tété, c'est-à-dire ''l'irascible'' en langue zélandaise. Kai-Koumou le traitait avec certains égards, et, à la finesse de son tatouage, on reconnaissait que Kara-Tété occupait un rang élevé dans la tribu. Cependant, un observateur eût deviné qu'entre ces deux chefs il y avait rivalité.

Kai-Koumou interrogea Glenarvan:

—Tu es Anglais? lui demanda-t-il.

—Oui, répondit le lord sans hésiter, car cette nationalité devait rendre un échange plus facile.

—Ecoute, reprit Kai-Koumou, le Tohonga, le grand prêtre de Nouï-Atoua[1], est tombé entre les mains de tes frères; il est prisonnier des Pakekas[2]. Crois-tu que les Anglais échangent notre Tohonga contre ta personne?

Glenarvan hésita à répondre et observa attentivement le chef maori.

—Moi seul? non, répondit Glenarvan. Nous tous, peut-être.

—Chez les Maoris, dit Kai-Koumou, c'est tête pour tête.

—Offre d'abord ces femmes en échange de ton prêtre, dit Glenarvan, qui désigna Lady Helena et Mary Grant.

Lady Helena voulut s'élancer vers son mari. Le major la retint.

Le guerrier regarda froidement son prisonnier. Un mauvais sourire passa sur ses lèvres; mais il le réprima presque aussitôt, et répondit d'une voix qu'il contenait à peine:

—Espères-tu donc tromper Kai-Koumou par de fausses paroles, Européen maudit? Crois-tu que les yeux de Kai-Koumou ne sachent pas lire dans les cœurs?

Et, montrant Lady Helena:

—Voilà ta femme! dit-il.

1. Nom du dieu zélandais.
2. Européens.

118

—Non! La mienne! s'écria Kara-Tété.

Puis, repoussant les prisonniers, la main du chef s'étendit sur l'épaule de Lady Helena, qui pâlit sous ce contact.

—Edward! cria la malheureuse femme éperdue.

Glenarvan, sans prononcer un seul mot, leva le bras. Un coup de feu retentit. Kara-Tété tomba mort.

A cette détonation, un flot d'indigènes sortit des huttes. Le pah s'emplit en un instant. Cent bras se levèrent sur les infortunés. Le revolver de Glenarvan lui fut arraché de la main.

Kai-Koumou jeta sur Glenarvan un regard étrange; puis d'une main, couvrant le corps du meurtrier, de l'autre il contint la foule qui se ruait sur les enfants.

Enfin sa voix domina le tumulte.

—Tabou! Tabou! s'écria-t-il.

A ce mot, la foule s'arrêta devant Glenarvan et ses compagnons, momentanément préservés par une puissance surnaturelle.

Quelques instants après, ils étaient reconduits au Waré-Atoua, qui leur servait de prison. Mais Robert Grant et Jacques Paganel n'étaient plus avec eux.

LES FUNÉRAILLES D'UN CHEF MAORI

Glenarvan ne se faisait cependant pas illusion sur le sort qui lui était réservé. Sa mort pouvait seule payer le meurtre d'un chef. Or, la mort chez les peuples sauvages n'est jamais que la fin d'un long supplice. Glenarvan s'attendait donc à expier cruellement la légitime indignation qui avait armé son bras, mais il espérait que la colère de Kai-Koumou ne frapperait que lui.

Quelle nuit ses compagnons et lui passèrent! Le pauvre Robert, le brave Paganel n'avaient pas reparu. Mais comment douter de leur sort?

Le matin du 13 février arriva. Aucune communication n'eut lieu entre les indigènes et les prisonniers. La journée se passa sans apporter ni un changement ni un espoir. Sans doute, l'heure des funérailles du cher mort et l'heure du supplice devaient sonner ensemble.

Le lendemain s'écoula encore sans que les apprêts du supplice fussent faits. Voici quelle était la raison de ce retard.

Les Maoris croient que l'âme, pendant les trois jours qui suivent la mort, habite le corps du défunt, et, pendant trois fois vingt-quatre heures, le cadavre reste sans sépulture. Cette coutume suspensive de la mort fut observée dans toute sa rigueur. Jusqu'au 15 février, le pah demeura désert.

Mais, le troisième jour, les huttes s'ouvrirent; plusieurs centaines de Maoris se rassemblèrent dans le pah, muets et calmes.

Kai-Koumou sortit de sa case, et, entouré des principaux chefs de sa tribu, il prit place sur un tertre élevé de quelques pieds, au centre du retranchement.

Sur un signe, un guerrier se dirigea vers le Waré-Atoua.

—Souviens-toi, dit Lady Helena à son mari.

Glenarvan serra sa femme contre son cœur. En ce moment, Mary Grant s'approcha de John Mangles:

—Lord et Lady Glenarvan, dit-elle, penseront que si une femme peut mourir de la main de son mari pour fuir une honteuse existence, une fiancée peut mourir aussi de la main de son fiancé pour y échapper à son tour. John, je puis vous le dire, dans cet instant suprême, ne suis-je pas depuis longtemps votre fiancée dans le secret de votre cœur? Puis-je compter sur vous, cher John, comme Lady Helena sur Lord Glenarvan?

—Mary! s'écria le jeune capitaine éperdu. Ah! chère Mary!...

Les captifs furent entraînés vers Kai-Koumou.

Celui-ci ne fit pas attendre son jugement:

—Tu as tué Kara-Tété? dit-il à Glenarvan.

—Je l'ai tué, répondit le lord.

—Demain, tu mourras au soleil levant.

—Seul? demanda Glenarvan, dont le cœur battait avec violence.

—Ah! si la vie de notre Tohonga n'était pas plus précieuse que la vôtre! s'écria Kai-Koumou, dont les yeux exprimaient un regret féroce!

En ce moment, une agitation se produisit parmi les indigènes. Glenarvan jeta un regard rapide autour de lui. Bientôt la foule s'ouvrit, et un guerrier parut, ruisselant de sueur, brisé de fatigue.

Kai-Koumou, dès qu'il l'aperçut, lui dit en anglais, avec l'évidente intention d'être compris des captifs:

—Tu viens du camp des Pakétas?

—Oui, répondit le Maori.

—Tu as vu le prisonnier, notre Tohonga?

—Je l'ai vu.

—Il est vivant?

—Il est mort! Les Anglais l'ont fusillé!

C'en était fait de Glenarvan et de ses compagnons.

—Tous, s'écria Kai-Koumou, vous mourrez demain au lever du jour!

Ainsi donc, un châtiment commun frappait indistinctement ces infortunés. Lady Helena et Mary Grant levèrent vers le ciel un regard de sublime remerciement.

Les captifs ne furent pas reconduits au Waré-Atoua. Ils devaient assister pendant cette journée aux funérailles du chef.

LES DERNIÈRES HEURES

Au moment où le soleil disparaissait au-delà du lac Taupo, derrière les cimes du Tuhahua et du Puketapu, les captifs furent reconduits à leur prison. Ils ne devaient plus la quitter avant l'heure où les sommets des Wahiti-Ranges s'allumeraient aux premiers feux du jour.

Il leur restait une nuit pour se préparer à mourir. Malgré l'accablement, malgré l'horreur dont ils étaient frappés, ils prirent leur repas en commun.

—Nous n'aurons pas trop de toutes nos forces, avait dit Glenarvan, pour regarder la mort en face. Il faut montrer à ces barbares comment des Européens savent mourir.

Ici, la voix de Glenarvan, ferme jusqu'alors, s'altéra. Il se tut pour dominer son émotion. Puis, après un moment de silence:

—John, dit-il au jeune capitaine, tu as promis à Mary ce que j'ai promis à Lady Helena. Qu'as-tu résolu?

—Cette promesse, répondit John Mangles, je crois avoir, devant Dieu, le droit de la remplir.

—Oui, John! mais nous sommes sans armes?

—En voici une, répondit John, montrant un poignard. Je l'ai arraché des mains de Kara-Tété, quand ce sauvage est tombé à vos pieds. Mylord, celui de nous qui survivra à l'autre accomplira le vœu de Lady Helena et de Mary Grant.

Après ces paroles, un profond silence régna dans la hutte.

Les heures de cette nuit d'angoisses s'écoulaient. D'épaisses ténèbres avaient envahi la montagne.

Il devait être quatre heures du matin environ, quand l'attention du major fut éveillée par un léger bruit qui semblait se produire derrière les poteaux du fond, dans la paroi de la hutte adossée au massif. Mac Nabbs, d'abord indifférent à ce bruit, voyant qu'il continuait, écouta; puis, intrigué de sa persistance, il colla, pour le mieux apprécier, son oreille contre terre. Il lui sembla qu'on grattait, qu'on creusait à l'extérieur.

Quand il fut certain du fait, le major, se glissant près de Glenarvan et de John Mangles, les arracha à leurs douloureuses pensées et les conduisit au fond de la case.

—Ecoutez, dit-il à voix basse, en leur faisant signe de se baisser.

Les grattements étaient de plus en plus perceptibles; on pouvait entendre les petites pierres grincer sous la pression d'un corps aigu et s'ébouler extérieurement.

—Quelque bête dans son terrier, dit John Mangles.

Glenarvan se frappa le front:

—Qui sait, dit-il, si c'était un homme...?

—Homme ou animal, répondit le major, je saurai à quoi m'en tenir!

Wilson et Olbinett se joignirent à leurs compagnons, et tous se mirent à creuser la paroi.

Bientôt, il fut évident qu'un homme ou des hommes, accrochés sur les flancs du pah, perçaient une galerie dans sa paroi extérieure.

Les captifs redoublèrent leurs efforts. Leurs doigts déchirés saignaient, mais ils creusaient toujours.

Quelques minutes s'écoulèrent encore, et soudain le major retira sa main coupée par une lame aiguë. Il retint un cri prêt à lui échapper.

John Mangles évita le couteau qui s'agitait hors du sol, mais il saisit la main qui le tenait.

C'était une main de femme ou d'enfant, une main européenne!

—Est-ce Robert? murmura Glenarvan.

Mais, si bas qu'il eût prononcé ce nom, Mary Grant, éveillée par les mouvements qui s'accomplissaient dans la case, se glissa près de Glenarvan et, saisissant cette main toute maculée de terre, elle la couvrit de baisers.

—Toi! toi! disait la jeune fille, qui n'avait pu s'y méprendre, toi, mon Robert!

—Oui, petite sœur, répondit Robert. Je suis là, pour vous sauver tous! Mais, silence!

En un instant le trou fut agrandi, et Robert passa des bras de sa sœur dans les bras de Lady Helena. Autour de son corps était roulée une longue corde de phormium.

—Mon enfant, mon enfant, murmurait la jeune femme, ces sauvages ne t'ont pas tué!

—Non, madame, répondit Robert. Je ne sais comment, pendant le tumulte, j'ai pu me dérober à leurs yeux; j'ai franchi l'enceinte; pendant deux jours, je suis resté caché derrière des arbrisseaux. J'ai volé dans une hutte déserte ce couteau et cette corde, j'ai trouvé par hasard une espèce de grotte creusée dans le massif même où s'appuie cette hutte; je n'ai eu que quelques pieds à creuser dans une terre molle, et me voilà.

Vingt baisers muets furent la seule réponse que put obtenir Robert.

—Partons! dit-il d'un ton décidé.

—Paganel est en bas? demanda Glenarvan.

—Mais non, mylord. Comment, monsieur Paganel n'est pas ici?

—Il n'y est pas, Robert, répondit Mary Grant.

—Quoi? Tu ne l'as pas vu? demanda Glenarvan. Vous ne vous êtes pas échappés ensemble?

—Non, mylord, répondit Robert, atterré d'apprendre la disparition de son ami Paganel.

—Partons, dit le major, il n'y a pas une minute à perdre. En quelque lieu que soit Paganel, il ne peut pas être plus mal que nous ici. Partons!

L'évasion commença. Toutes les précautions furent prises pour la faire réussir.

Cinq minutes plus tard, tous les fugitifs, heureusement évadés du Waré-Atoua, s'enfonçaient, par d'étroits sentiers, au plus profond des montagnes.

Vers cinq heures, le jour commença à poindre. L'astre du jour ne devait pas tarder à paraître, et ce soleil, au lieu de donner le signal du supplice, allait, au contraire, signaler la fuite des condamnés.

Il fallait donc, avant ce moment fatal, que les fugitifs se fussent mis hors de la portée des sauvages, afin de les dépister par l'éloignement. Mais ils ne marchaient pas vite, car les sentiers étaient abrupts.

Enfin le soleil parut, et il envoya ses premiers rayons au-devant des fugitifs.

Soudain un hurlement terrible, fait de cent cris, éclata dans les airs. Il s'élevait du pah, dont Glenarvan ignorait alors l'exacte situation. D'ailleurs, un épais rideau de brumes, tendu sous ses pieds, l'empêchait de distinguer les vallées basses.

En ce moment, le brouillard inférieur se leva, les enveloppa momentanément d'un nuage humide, et ils perçurent à trois cents pieds au-dessous d'eux la masse frénétique des indigènes.

Ils voyaient, mais ils avaient été vus. De nombreux hurlements éclatè-
rent, des aboiements s'y joignirent, et la tribu tout entière, après avoir
en vain essayé d'escalader la roche du Waré-Atoua, se précipita hors des
enceintes, et s'élança par les plus courts sentiers à la poursuite des prisonniers qui fuyaient sa vengeance.

LA MONTAGNE TABOU

Le sommet de la montagne s'élevait encore d'une centaine de pieds. Les fugitifs avaient intérêt à l'atteindre afin de se dérober, sur le versant opposé, à la vue des Maoris.

En moins de cinq minutes, ils atteignirent le sommet du mont; là, ils se retournèrent afin de juger la situation et de prendre une direction qui pût dépister les Maoris. Glenarvan jeta un coup d'œil anxieux autour de lui.

Aucun mouvement des Maoris ne pouvait échapper à sa vue.

Les indigènes n'étaient pas à cinq cents pieds de lui.

Leur poursuite s'était subitement interrompue. L'assaut de la montagne venait de cesser comme par un impérieux contrordre.

Que se passait-il donc?

Soudain, John Mangles poussa un cri qui fit retourner ses compagnons. De la main, il leur montrait une petite forteresse élevée au sommet du cône.

—Le tombeau du chef Kara-Tété! s'écria Robert.

Le lord, suivi de ses compagnons, gravit les derniers talus de cône jusqu'au pied même du tombeau.

Glenarvan, le major, Robert et John Mangles pénétrèrent dans l'enceinte. Un Maori était là, vêtu d'un grand manteau de phormium; l'ombre de l'Oudoupa ne permettait pas de distinguer ses traits. Il paraissait fort tranquille, et déjeunait avec la plus parfaite insouciance. Glenarvan allait lui adresser la parole, quand l'indigène, le prévenant, lui dit d'un ton aimable et en bonne langue anglaise:

—Asseyez-vous donc, mon cher lord, le déjeuner vous attend.

C'était Paganel. A sa voix, tous se précipitèrent dans l'Oudoupa et tous passèrent dans les grands bras de l'excellent géographe. Paganel était retrouvé! C'était le salut commun qui se présentait dans sa personne!

Alors, chacun voulut connaître les aventures du géographe. Chose bizarre, et retenue singulière chez un homme si prolixe, il fallut, pour ainsi dire, lui arracher les paroles de la bouche.

Après le meurtre de Kara-Tété, Paganel profita comme Robert du tumulte des indigènes et se jeta hors de l'enceinte du pah. Mais, moins heureux que le jeune Grant, il alla donner droit dans un campement de Maoris. Là commandait un chef de belle taille, à l'air intelligent, évidemment supérieur à tous les guerriers de sa tribu. Ce chef parlait correctement anglais, et souhaita la bienvenue en limant du bout de son nez le nez du géographe.

Il l'attacha particulièrement à sa personne, non seulement par ses bienfaits, mais encore avec de bonnes cordes de phormium. La nuit surtout.

Cette situation nouvelle dura trois grands jours. Heureusement, pendant une nuit, il parvint à ronger ses cordes et à s'échapper. Il avait assisté de loin à l'enterrement du chef, il savait qu'on l'avait inhumé au sommet du Maunganamu, et que la montagne devenait tabou par ce fait. Ce fut là qu'il résolut de se réfugier, ne voulant pas quitter le pays où ses compagnons étaient retenus.

Tel fut le récit de Paganel.

La situation était toujours excessivement grave. Les indigènes, s'ils ne se hasardaient pas à gravir le Maunganamu, comptaient sur la faim et la soif pour reprendre leurs prisonniers. Affaire de temps, et les sauvages ont la patience longue.

Glenarvan voulut reconnaître avec soin le Maunganamu, c'est-à-dire sa forteresse improvisée, non pour la défendre, car le siège n'en était pas à craindre, mais pour en sortir. Le major, John, Robert, Paganel et lui prirent un relevé exact de la montagne.

—Maintenant, à l'Oudoupa! s'écria gaiement Paganel.

On suivit l'aimable Paganel. Lorsque les sauvages virent les fugitifs profaner de nouveau cette sépulture tabouée, ils firent éclater de nombreux coups de feu et d'épouvantables hurlements, ceux-ci aussi bruyants que ceux-là. Mais, fort heureusement, les balles ne portèrent pas si loin que les cris, et tombèrent à mi-côte, pendant que les vociférations allaient se perdre dans l'espace.

Lady Helena, Mary Grant et leurs compagnons, tout à fait rassurés en voyant que la superstition des Maoris était encore plus forte que leur colère, entrèrent dans le monument funèbre.

Là reposaient les armes du chef, ses fusils chargés et amorcés, sa lance, sa superbe hache en jade vert, avec une provision de poudre et de balles suffisante pour les chasses éternelles.

—Voilà tout un arsenal, dit Paganel, dont nous ferons un meilleur emploi que le défunt.

—Eh! mais, ce sont des fusils de fabrique anglaise! dit le major.

—Sans doute, répondit Glenarvan. En tout cas, ces fusils pourront nous être utiles!

—Mais ce qui nous sera plus utile encore, dit Paganel, ce sont les vivres et l'eau destinés à Kara-Tété.

Les fugitifs étaient donc prémunis pour quelques jours contre la faim et la soif. Ils ne se firent aucunement prier pour prendre leur premier repas aux dépens du chef.

Puis, la faim rassasiée, Glenarvan proposa de discuter, sans retard, un plan d'évasion.

—Je pense, dit Glenarvan, que nous devons tenter une évasion avant d'y être poussés par la famine. La nuit prochaine, nous essaierons de gagner les vallées de l'est en traversant le cercle des indigènes à la faveur des ténèbres.

—Parfait, répondit Paganel.

Après discussion, les fugitifs résolurent de se porter dans l'est vers la baie Plenty. C'était passer par des régions inconnues, mais vraisemblablement désertes. Les voyageurs, habitués déjà à se tirer des difficultés naturelles, à tourner les obstacles physiques, ne redoutaient que la rencontre des Maoris. Ils voulaient donc les éviter à tout prix et gagner la côte orientale, où les missionnaires ont fondé quelques établissements. De plus, cette portion de l'île avait échappé jusqu'ici aux désastres de la guerre, et les partis indigènes n'y battaient pas la campagne.

A neuf heures, par une nuit noire, Glenarvan donna le signal du départ. Ses compagnons et lui, armés et équipés aux frais de Kara-Tété, commencèrent à descendre prudemment les rampes du Maunganamu. John Mangles et Wilson tenaient la tête, l'oreille et l'œil aux aguets. Il s'arrêtaient au moindre bruit, ils interrogeaient la moindre lueur. Chacun se laissait pour ainsi dire glisser sur le talus du mont pour se mieux confondre avec lui.

A deux cents pieds au-dessus du sommet, John Mangles et son matelot atteignirent la périlleuse arête défendue si obstinément par les indigènes. Glenarvan, malgré toute sa confiance et en dépit des plaisanteries de Paganel, ne put s'empêcher de frémir. Le salut des siens allait se jouer tout entier pendant ces dix minutes nécessaires à franchir la crête. Il sentait battre le cœur de Lady Helena, cramponnée à son bras.

Il ne songeait pas à reculer d'ailleurs. John, pas davantage. Le jeune capitaine, suivi de tous et protégé par une obscurité complète, rampa sur l'arête étroite.

Cependant, à glisser comme un serpent sur cette crête inclinée, les fugitifs n'allaient pas vite.

Toutefois, cette partie fut franchie sans accident, et les voyageurs commencèrent à remonter en silence.

Pendant dix minutes, la petite troupe s'éleva par un mouvement insensible vers les plateaux supérieurs.

ENTRE DEUX FEUX

La nuit favorisait cette évasion. Il fallait donc en profiter pour quitter les funestes parages du lac Taupo.

A neuf heures du matin, douze milles avaient été enlevés en douze heures. On ne pouvait exiger plus des courageuses femmes. D'ailleurs, le lieu parut convenable pour établir un campement. Les vivres furent tirés des sacs, et on leur fit honneur. Mary Grant et le major, que la fougère comestible avait peu satisfaits jusqu'alors, s'en régalèrent ce jour-là. La halte se prolongea jusqu'à deux heures de l'après-midi, puis la route de l'est fut reprise, et les voyageurs s'arrêtèrent le soir à huit milles des montagnes. Ils ne se firent pas prier pour dormir en plein air.

Le lendemain, le chemin présenta des difficultés assez sérieuses. Il fallut traverser ce curieux district des lacs volcaniques, des geysers et des solfatares qui s'étend à l'est des Wahiti-Ranges.

Cependant, il ne fallut pas moins de quatre jours pour tourner cette impraticable contrée. Le 23 février seulement, à cinquante milles du Maunganamu, Glenarvan put camper au pied d'un mont anonyme, indiqué sur la carte de Paganel.

Le 25 février, la route fut barrée par une rivière qui devait être le Waikari de la carte de Paganel. On put la passer à gué.

Pendant deux jours, les plaines d'arbustes se succédèrent sans interruption. La moitié de la distance qui sépare le lac Taupo de la côte avait été franchie sans mauvaise rencontre, sinon sans fatigue.

Alors apparurent d'immenses et interminables forêts qui rappelaient les forêts australiennes; mais ici, les kauris remplaçaient les eucalyptus.

Pendant trois jours, la petite troupe s'aventura sous les vastes arceaux que formaient ces arbres et sur un sol argileux que le pas de l'homme n'avait jamais foulé.

Ce soir-là, 1er mars, Glenarvan et ses compagnons, abandonnant enfin l'immense forêt de kauris, campèrent au pied du mont Ikirangi, dont la cime montait à cinq mille cinq cents pieds dans les airs.

Alors, près de cent milles avaient été franchis depuis le Maunganamu, et la côte restait encore à trente milles. John Mangles avait espéré faire cette traversée en dix jours, mais il ignorait alors les difficultés que présentait cette région.

En effet, les détours, les obstacles de la route, les imperfections des relèvements, l'avaient allongée d'un cinquième, et malheureusement les voyageurs, en arrivant au mont Ikirangi, étaient complètement épuisés.

Or, il fallait encore deux grands jours de marche pour atteindre la côte, et maintenant, une nouvelle activité, une extrême vigilance, redevenaient nécessaires, car on rentrait dans une contrée souvent fréquentée par les naturels.

Cependant, chacun dompta ses fatigues, et le lendemain la petite troupe repartit au lever du jour.

Enfin, ne marchant plus, se traînant, corps sans âmes, menés par le seul instinct de la conservation qui survivait à tout autre sentiment, ils atteignirent la pointe Lottin, sur les bords du Pacifique.

Ils erraient le long du rivage, quand, à un mille de la côte, apparut un détachement d'indigènes, qui s'élança vers eux en agitant ses armes. Glenarvan, acculé à la mer, ne pouvait fuir, et, réunissant ses dernières forces, il allait prendre des dispositions pour combattre, quand John Mangles s'écria:

—Un canot, un canot!

A vingt pas, en effet, une pirogue, garnie de six avirons, était échouée sur la grève. La mettre à flot, s'y précipiter et fuir ce dangereux rivage, ce fut l'affaire d'un instant. John Mangles, Mac Nabbs, Wilson, Mulrady se mirent aux avirons; Glenarvan prit le gouvernail; les deux femmes, Olbinett et Robert s'étendirent près de lui.

En dix minutes, la pirogue fut d'un quart de mille au large. La mer était calme. Les fugitifs gardaient un profond silence.

Cependant, John, ne voulant pas trop s'écarter de la côte, allait donner l'ordre de prolonger le rivage, quand son aviron s'arrêta subitement dans ses mains.

Il venait d'apercevoir trois pirogues qui débouchaient de la pointe Lottin, dans l'évidente intention de lui appuyer la chasse.

—En mer! En mer! s'écria-t-il, et plutôt nous abîmer dans les flots!

La pirogue, enlevée par ses quatre rameurs, reprit le large. Pendant une demi-heure, elle put maintenir sa distance; mais les malheureux, épuisés, ne tardèrent pas à faiblir, et les trois autres pirogues gagnèrent sensiblement sur eux.

Que faisait alors Glenarvan? Debout, à l'arrière du canot, il cherchait à l'horizon quelque secours chimérique.

Tout à coup, son regard s'enflamma, sa main s'étendit vers un point de l'espace.

—Un navire! s'écria-t-il, mes amis, un navire! Nagez! Nagez ferme!

Pas un des quatre rameurs se ne retourna pour voir ce bâtiment inespéré, car il ne fallait pas perdre un coup d'aviron.

Mais que durent penser John Mangles et ses compagnons, quand ils virent les traits du lord se contracter, sa figure pâlir, et l'instrument tomber de ses mains. Un seul mot leur expliqua ce subit désespoir.

—Le *Duncan*! s'écria Glenarvan, le *Duncan* et les convicts!

—Le *Duncan*! s'écria John, qui lâcha son aviron et se leva aussitôt.

—Oui! la mort des deux côtés! murmura Glenarvan, brisé par tant d'angoisses.

Cependant, la pirogue était abandonnée à elle-même. Où la diriger? Où fuir? Etait-il possible de choisir entre les sauvages ou les convicts?

Les sauvages faisaient un feu roulant, et les balles pleuvaient autour de la pirogue. En ce moment, une forte détonation éclata, et un boulet, lancé par le canon du yacht, passa sur la tête des fugitifs. Ceux-ci, pris entre deux feux, demeurèrent immobiles entre le *Duncan* et les canots indigènes.

John Mangles, fou de désespoir, saisit sa hache. Il allait saborder la pirogue, la submerger avec ses infortunés compagnons, quand un cri de Robert l'arrêta.

—Tom Austin! Tom Austin! disait l'enfant. Il est à bord! Je le vois! Il nous a reconnus! Il agite son chapeau!

La hache resta suspendue au bras de John.

Un second boulet siffla sur sa tête et vint couper en deux la plus rapprochée des trois pirogues, tandis qu'un hurrah éclatait à bord du *Duncan*.

Les sauvages, épouvantés, fuyaient et regagnaient la côte.

—A nous! A nous, Tom! avait crié John Mangles d'une voix éclatante.

Et, quelques instants après, les dix fugitifs, sans savoir comment, sans y rien comprendre, étaient tous en sûreté à bord du *Duncan*.

POURQUOI LE *DUNCAN* CROISAIT SUR LA CÔTE EST
DE LA NOUVELLE-ZÉLANDE

Il faut renoncer à peindre les sentiments de Glenarvan et de ses amis, quand résonnèrent à leurs oreilles les chants de la vieille Ecosse. Au moment où ils mettaient le pied sur le pont du *Duncan,* le bag-piper, gonflant sa cornemuse, attaquait le pilbroch national du clan de Malcolm, et de vigoureux hurrahs saluaient le retour du laird à son bord.

A la vue de Glenarvan, de ses compagnons, les vêtements en lambeaux, les traits hâves et portant la marque de souffrances horribles, l'équipage du yacht interrompit ses démonstrations.

Mais, avant de songer à la fatigue, aux impérieux besoins de la faim et de la soif, Glenarvan interrogea Tom Austin sur sa présence dans ces parages.

Pourquoi le *Duncan* se trouvait-il sur la côte orientale de la Nouvelle-Zélande? Comment n'était-il pas entre les mains de Ben Joyce?

—Mais le *Duncan* croise ici par ordre de Votre Honneur.

—Par mes ordres! s'écria Glenarvan.

—Oui, mylord. Je n'ai fait que me conformer à vos instructions contenues dans votre letrre du 14 janvier.

—Ma lettre! ma lettre! s'écria Glenarvan.

En ce moment, les dix voyageurs entouraient Tom Austin et le dévoraient du regard. La lettre datée de Snowy-river était donc parvenue au *Duncan?*

—Voyons, reprit Glenarvan, expliquons-nous, car je crois rêver. Vous avez reçu une lettre, Tom?

—Oui, une lettre de Votre Honneur.

—Avez-vous la lettre, Tom? demanda le major, intrigué au plus haut point.

—Oui, monsieur Mac Nabbs, répondit Austin. Je vais la chercher.

Austin courut à sa cabine du gaillard d'avant.

Lorsqu'il revint, il tenait à la main la lettre écrite par Paganel et signée par Glenarvan.

—Que Votre Honneur lise, dit le vieux marin.

Glenarvan prit la lettre et lut:

—Ordre à Tom Austin de prendre la mer sans retard et de conduire le *Duncan* par 37 degrés de latitude à la côte orientale de la Nouvelle-Zélande!...

—La Nouvelle-Zélande! s'écria Paganel bondissant.

Et il saisit la lettre des mains de Glenarvan, se frotta les yeux, ajusta ses lunettes sur son nez, et lut à son tour.

—La Nouvelle-Zélande! dit-il avec un accent impossible à rendre, tandis que la lettre s'échappait de ses doigts.

En ce moment, il sentit une main s'appuyer sur son épaule. Il se redressa et se vit face à face avec le major.

—Allons, mon brave Paganel, dit Mac Nabbs d'un air grave, il est encore heureux que vous n'ayez pas envoyé le *Duncan* en Cochinchine!

—Maintenant, Paganel, lui dit Glenarvan, répondez franchement. Dites-moi par quelle étrange association d'idées, vous avez été conduit à écrire le nom de la Nouvelle-Zélande pour le nom de l'Australie?

—Eh! parbleu! s'écria Paganel, c'est...

Mais au même instant, ses yeux se portèrent sur Robert, sur Mary Grant, et il s'arrêta court; puis il répondit:

—Que voulez-vous, mon cher Glenarvan, je suis un insensé, un fou, un être incorrigible, et je mourrai dans la peau du plus fameux distrait.

L'incident n'eut pas de suite. Le mystère de la présence du *Duncan* était éclairci; les voyageurs si miraculeusement sauvés ne songèrent plus qu'à regagner leurs confortables cabines du bord et à déjeuner.

Cependant, laissant Lady Helena et Mary Grant, le major, Paganel et Robert entrer dans la dunette, Glenarvan et John Mangles retinrent Tom Austin près d'eux. Ils voulaient encore l'interroger.

—Maintenant, mon vieux Tom, dit Glenarvan, répondez-moi. Est-ce que cet ordre d'aller croiser sur les côtes de la Nouvelle-Zélande ne vous a pas paru singulier?

—Si, Votre Honneur, répondit Austin, j'ai été très surpris, mais je n'ai pas l'habitude de discuter les ordres que je reçois, et j'ai obéi. J'ai pensé que, par suite de combinaisons nouvelles, un navire devait vous transporter à la Nouvelle-Zélande, et que je devais vous attendre sur la côte est de l'île. D'ailleurs, en quittant Melbourne, j'ai gardé le secret de ma destination, et l'équipage ne l'a connue qu'au moment où nous étions en pleine mer, lorsque les terres de l'Australie avaient déjà disparu à nos yeux. Mais alors un incident, qui m'a rendu très perplexe, s'est passé à bord.

—Que voulez-vous dire, Tom? demanda Glenarvan.

—Je veux dire, répondit Tom Austin, que lorsque le quartier-maître Ayrton apprit, le lendemain de l'appareillage, la destination du *Duncan*...

—Ayrton! s'écria Glenarvan. Il est donc à bord?

—Oui, Votre Honneur.

—Ayrton ici! répéta Glenarvan, regardant John Mangles.

—Dieu l'a voulu! répondit le jeune capitaine.

—Où est-il? demanda vivement Glenarvan.

—Dans une cabine du gaillard d'avant, répondit Tom Austin, et gardé à vue.

—Pourquoi cet emprisonnement?

—Parce que quand Ayrton a vu que le yacht faisait voile pour la Nouvelle-Zélande, il est entré en fureur, parce qu'il a voulu m'obliger à changer la direction du navire, parce qu'il m'a menacé, parce qu'enfin il a excité mes hommes à la révolte. J'ai compris que c'était un particulier dangereux, et j'ai dû prendre des mesures de précaution contre lui.

—Bien, Tom.

En ce moment, Glenarvan et John Mangles furent mandés dans la dunette. Le repas achevé, quand les convives, refaits et restaurés, furent réunis sur le pont, Glenarvan leur apprit la présence du quartier-maître à son bord. En même temps, il annonça son intention de le faire comparaître devant eux.

—Faites venir Ayrton, dit Glenarvan.

AYRTON OU BEN JOYCE?

Ayrton parut.

—Ayrton, dit Glenarvan, nous voilà donc, vous et nous, sur ce *Duncan* que vous vouliez livrer aux convicts de Ben Joyce! Parlez, Ayrton, qu'avez-vous à dire?

Ayrton hésita; les plis de son front se creusèrent profondément; puis, d'une voix calme:

—Je n'ai rien à dire, mylord, répliqua-t-il. J'ai fait la sottise de me laisser prendre. Agissez comme il vous plaira.

—Ecoutez-moi bien, Ayrton, reprit Glenarvan. Vous avez intérêt à parler. Il peut vous être tenu compte d'une franchise qui est votre dernière ressource. Pour la dernière fois, voulez-vous répondre à mes questions?

Ayrton tourna la tête vers Glenarvan et le regarda dans les yeux:

—Mylord, dit-il, je n'ai pas à répondre.

—Voulez-vous me dire où est le capitaine Grant? demanda Glenarvan.

—Non, mylord, répondit Ayrton.

—Voulez-vous m'indiquer où s'est échoué le *Britannia?*

—Pas davantage.

Puis il retourna d'un pas tranquille à la cabine qui lui servait de prison, et deux matelots furent placés à sa porte, avec ordre de surveiller ses moindres mouvements. Les témoins de cette scène se retirèrent indignés et désespérés.

Puisque Glenarvan venait d'échouer contre l'obstination d'Ayrton, que lui restait-il à faire? Evidemment poursuivre le projet formé à Eden de retourner en Europe.

Glenarvan, après avoir consulté ses amis, traita plus spécialement avec John Mangles la question du retour.

John proposa à Glenarvan de mettre le cap sur la baie de Talcahuano, où le *Duncan* s'était déjà ravitaillé avant d'entreprendre son voyage de circumnavigation. C'était un trajet direct et précisément sur le 37e degré. Puis le yacht, largement approvisionné, irait au sud doubler le cap Horn, et regagnerait l'Ecosse par les routes de l'Atlantique.

C'était donc le voyage du retour qui commençait. Triste traversée pour ces courageux chercheurs qui revenaient au port sans ramener Harry Grant!

Cependant, il y avait à bord un homme qui pouvait dire le dernier mot de cette catastrophe, et dont le silence se prolongeait. C'était Ayrton.

Plusieurs fois, Glenarvan renouvela ses tentatives près du quartier-maître. Promesses et menaces furent inutiles.

Lady Helena, voyant l'insuccès de son mari, lui demanda la permission de lutter à son tour contre l'obstination du quartier-maître. Où un homme avait échoué, peut-être une femme réussirait-elle par sa douce influence.

Ce jour-là 5 mars, Ayrton fut amené dans l'appartement de Lady Helena. Mary Grant dut assister à l'entrevue, car l'influence de la jeune fille pouvait être grande, et Lady Helena ne voulait négliger aucune chance de succès.

Pendant une heure, les deux femmes restèrent enfermées avec le quartier-maître du *Britannia,* mais rien ne transpira de leur entretien.

Lorsque Lady Helena reparut, ses traits respiraient la confiance.

Cependant, Glenarvan s'était précipité au-devant de sa femme.

—Il a parlé? demanda-t-il.

—Non, répondit Lady Helena. Mais, cédant à mes prières, Ayrton désire vous voir.

—Avez-vous fait quelque promesse que je doive ratifier?

—Une seule, mon ami, c'est que vous emploierez tout votre crédit à adoucir le sort réservé à ce malheureux.

—Bien ma chère Helena. Qu'Ayrton vienne à l'instant.

UNE TRANSACTION

Dès que le quartier-maître se trouva en présence du lord, ses gardiens se retirèrent.

—Vous avez désiré me parler, Ayrton? dit Glenarvan.

—Oui, mais je pense que si le major Mac Nabbs et M. Paganel assistaient à l'entretien, cela vaudrait mieux.

Glenarvan fit prévenir Mac Nabbs et Paganel, qui se rendirent aussitôt à son invitation.

—Nous vous écoutons, dit Glenarvan.

—Mylord, c'est, à proprement parler, une affaire que je viens vous proposer, dit Ayrton.

—Quelle est cette affaire? demanda Glenarvan.

—La voici, répondit Ayrton. Vous désirez savoir de moi certains détails qui peuvent vous être utiles. Je désire obtenir de vous certains avantages qui me seront précieux. Donnant, donnant, mylord. Cela vous convient-il ou non?

—Alors, que voulez-vous?

—Une situation moyenne, mylord, entre la potence qui m'attend εt la liberté que vous ne pouvez pas m'accorder.

—Et c'est?...

—De m'abandonner dans une des îles désertes du Pacifique, avec les objets de première nécessité.

Glenarvan, après avoir réfléchi quelques instants, répondit:

—Ayrton, si je vous accorde votre demande, vous m'apprendrez tout ce que j'ai intérêt à savoir?

—Oui, mylord, c'est-à-dire tout ce que je sais sur le capitaine Grant et sur le *Britannia*.

—J'accepte votre proposition, Ayrton. Vous avez ma parole d'être débarqué dans une des îles de l'océan Pacifique.

Cet homme étrange fut-il heureux de cette décision? On aurait pu en douter, car sa physionomie impassible ne révéla aucune émotion. Il semblait qu'il traitât pour un autre que pour lui.

—Messieurs, dit Ayrton, je suis réellement Tom Ayrton, le quartier-maître du *Britannia*. J'ai quitté Glasgow sur le navire d'Harry Grant, le 12 mars 1861. Harry Grant était un homme à faire de grandes choses, mais souvent de graves discussions s'élevèrent entre nous. Cet homme-là est de fer pour lui et pour les autres. Néanmoins, j'osai me révolter. J'essayai d'entraîner l'équipage dans ma révolte, et de m'emparer du navire. Quoi qu'il en soit, Harry Grant n'hésita pas, et, le 8 avril 1862, il me débarqua sur la côte ouest de l'Australie.

—De l'Australie, dit le major, interrompant le récit d'Ayrton, et par conséquent vous avez quitté le *Britannia* avant sa relâche au Callao, d'où sont datées ses dernières nouvelles?

—Oui, répondit le quartier-maître.

—Continuez Ayrton, dit Glenarvan.

—«Je me trouvai donc abandonné sur une côte à peu près déserte, mais à vingt milles seulement des établissements pénitentiaires de Perth, la capitale de l'Australie occidentale. En errant sur les rivages, je rencontrai une bande de convitcs qui venaient de s'échapper. Je me joignis à eux. Vous me dispenserez, mylord, de vous raconter ma vie pendant deux ans et demi. Sachez seulement que je devins le chef des évadés sous le nom de Ben Joyce.

«Mais vous savez le reste, mylord, et vous pouvez être certain que, sans la distraction de M. Paganel, je commanderais maintenant à bord du *Duncan*. Telle est mon histoire, messieurs; mes révélations ne peuvent malheureusement pas vous remettre sur les traces d'Harry Grant, et vous voyez qu'en traitant avec moi vous avez fait une mauvaise affaire.»

Le quartier-maître se tut, croisa ses bras suivant son habitude, et attendit. Glenarvan et ses amis gardaient le silence. Le major reprit le premier l'interrogatoire, afin de préciser les dates relatives au *Britannia*.

—Ainsi, demanda-t-il au quartier-maître, c'est bien le 8 avril 1862 que vous avez été débarqué sur la côte ouest de l'Australie?

—Exactement, répondit Ayrton.

—Et savez-vous quels étaient alors les projets d'Harry Grant?

—Ce que je puis vous dire, le voici, mylord, répondit le quartier-maître. Le capitaine Grant avait l'intention de visiter la Nouvelle-Zélande. Or, cette partie de son programme n'a point été exécutée pendant mon séjour à bord. Il ne serait donc pas impossible que le *Britannia,* en quittant Le Callao, ne fût venu prendre connaissance des terrres de la Nouvelle-Zélande. Cela concorderait avec la date du 27 juin 1862, assignée par le document au naufrage du trois-mâts.

—Bien, Ayrton, dit alors Glenarvan. Vous avez tenu votre parole, je tiendrai la mienne.

Le quartier-maître se retira sous la garde de deux matelots.

UN CRI DANS LA NUIT

L'équipage sut bientôt que la mystérieuse situation du capitaine Grant n'avait pas été éclaircie par les révélations d'Ayrton.

La route du yacht fut donc maintenue. Restait à choisir l'île dans laquelle Ayrton devait être abandonné.

Paganel et John Mangles consultèrent les cartes du bord. Précisément, sur ce 37e parallèle, figurait un îlot isolé connu sous le nom de Maria-Thérésa, rocher perdu en plein océan Pacifique, relégué à trois mille cinq cents milles de la côte américaine et à quinze cents milles de la Nouvelle-Zélande.

Deux jours plus tard, à deux heures, la vigie signala une terre à l'horizon. C'était Maria-Thérésa, basse, allongée, à peine émergée des flots, qui apparaissait comme un énorme cétacé.

A cinq heures, John Mangles crut distinguer une fumée légère qui montait vers le ciel.

—Est-ce un volcan? demanda-t-il à Paganel qui, la longue-vue aux yeux, observait cette terre nouvelle.

—Je ne sais que penser, répondit le géographe. Maria Thérésa est un point peu connu.

A huit heures du soir, Maria-Thérésa, quoique à cinq milles du vent, n'apparaissait plus que comme une ombre allongée, à peine visible. Le *Duncan* s'en rapprochait toujours.

A onze heures, les passagers et John Mangles regagnèrent leurs cabines. A l'avant, la bordée de quart se promenait sur le pont du yacht. A l'arrière, l'homme de barre était seul à son poste.

En ce moment, Mary Grant et Robert montèrent sur la dunette.

Les deux enfants du capitaine, accoudés sur la lisse, regardaient tristement la mer phosphorescente et le sillage lumineux du *Duncan*. Mary songeait à l'avenir de Robert; Robert songeait à l'avenir de sa sœur. Tous deux pensaient à leur père.

Puis, se laissant aller à d'indéfinissables rêveries, les deux enfants du capitaine se regardèrent dans la vague obscurité de la nuit. Alors se produisit un incident étrange et véritablement surnaturel. Du milieu des flots alternativement sombres et brillants, Mary et Robert crurent entendre s'élever jusqu'à eux une voix dont le son profond et lamentable fit tressaillir toutes les fibres de leur cœur.

—A moi! A moi! criait cette voix.

—Mary, dit Robert, as-tu entendu?

Et, se dressant subitement au-dessus de la lisse, tous deux, penchés, interrogèrent les profondeurs de la nuit.

Un nouvel appel arriva jusqu'à eux, et cette fois l'illusion fut telle que le même cri sortit à la fois de leurs deux cœurs:

—Mon père! Mon père!...

C'en était trop pour Mary Grant. Brisée par l'émotion, elle tomba évanouie dans les bras de Robert.

—Au secours! cria Robert. Ma sœur! Mon père! Au secours!

L'homme de barre s'élança pour relever la jeune fille. Les matelots de quart accoururent, puis John Mangles, Lady Helena, Glenarvan, subitement réveillés.

Et en ce moment, Mary Grant, revenue à elle, égarée, folle, s'écriait aussi:

—Mon père! Mon père est là!

Il fallut la transporter dans sa cabine, et Lady Helena la suivit pour lui donner ses soins.

Glenarvan prit Robert par la main et lui dit:

—Tu as entendu la voix de ton père, mon cher enfant?

—Oui, mylord. Là, au milieu des flots! Il criait: A moi! A moi!

—Et tu as reconnu cette voix?

—Si j'ai reconnu sa voix, mylord! Oh oui! Je vous le jure!

La voix de Robert s'éteignit dans un sanglot. Pâle et muet, à son tour, il perdit connaissance. Glenarvan fit porter Robert dans son lit, et l'enfant, brisé par l'émotion, tomba dans un profond assoupissement.

Le lendemain, 8 mars, à cinq heures du matin, dès l'aube, les passagers, Robert et Mary parmi eux, car il avait été impossible de les retenir, étaient réunis sur le pont du *Duncan*. Chacun voulait examiner cette terre à peine entrevue la veille.

Les lunettes se promenèrent avidement sur les points principaux de l'île. Un cri poussé par Robert s'éleva soudain. L'enfant prétendait voir deux hommes qui couraient et gesticulaient, pendant qu'un troisième agitait un pavillon.

—Le pavillon d'Angleterre! s'écria John Mangles qui avait saisi sa lunette.

—Mylord, dit Robert tremblant d'émotion, si vous ne voulez pas que je gagne l'île à la nage, vous ferez mettre à la mer une embarcation.

—Au canot! s'écria Lord Glenarvan.

En une minute, l'embarcation fut mise à la mer. Les deux enfants du capitaine, Glenarvan, John Mangles, Paganel, s'y précipitèrent, et elle déborda rapidement sous l'impulsion de six matelots qui nageaient avec rage.

A dix toises du rivage, Mary poussa un cri déchirant.

—Mon père!

Un homme se tenait sur la côte, entre deux autres hommes.

C'était le capitaine Grant!

Le capitaine entendit le cri de Mary, ouvrit les bras, et tomba sur le sable, comme foudroyé.

L'ÎLE TABOR

On ne meurt pas de joie, car le père et les enfants revinrent à la vie avant même qu'on les eût recueillis sur le yacht. Comment peindre cette scène? Les mots n'y suffiraient pas. Tout l'équipage pleurait en voyant ces trois êtres confondus dans une muette étreinte.

Harry Grant ne se lassait pas de regarder sa fille. Il la trouvait belle, charmante! Il le lui disait et redisait tout haut, prenant Lady Helena à témoin, comme pour certifier que son amour paternel ne l'abusait pas. Puis, se tournant vers son fils:

—Comme il a grandi! C'est un homme! s'écriait-il avec ravissement.

Et il prodiguait à ces deux êtres si chers les mille baisers amassés dans son cœur pendant deux ans d'absence.

Lady Helena fit alors au capitaine Grant le récit du voyage, et elle le rendit fier de son fils, fier de sa fille.

Lorsque tout fut dit et redit mille fois, Glenarvan instruisit Harry Grant de ce qui concernait Ayrton. Grant confirma les aveux du quartier-maître au sujet de son débarquement sur la côte australienne.

Mais avant qu'Ayrton fût transféré à l'île Tabor, Harry Grant voulut faire à ses nouveaux amis les honneurs de son rocher.

Quelques heures suffirent à parcourir le domaine d'Harry Grant. C'était, à vrai dire, le sommet d'une montagne sous-marine, un plateau où les roches de basalte abondaient avec des débris volcaniques.

Les visiteurs arrivèrent à la maison, ombragée par des gommiers verdoyants; devant ses fenêtres s'étendait la magnifique mer, étincelant aux rayons du soleil. Harry Grant fit mettre sa table à l'ombre des beaux arbres, et chacun y prit place.

Puis, sur cette île même, dans cette humble maison, chacun voulut connaître l'histoire des naufragés du *Britannia* pendant ces deux longues années d'abandon. Harry Grant s'empressa de satisfaire le désir de ses nouveaux amis:

—«Ce fut pendant la nuit du 26 au 27 juin 1862 que le *Britannia*, désemparé par six jours de tempête, vint se briser sur les rochers de Maria-Thérésa. Seuls, mes deux matelots, Bob Learce, Joe Belle et moi, nous parvînmes à gagner la côte après vingt tentatives infructueuses!

«Nous commençâmes, comme le Robinson idéal de Daniel Defoe, notre modèle, par recueillir les épaves du navire, des outils, un peu de poudre, des armes, un sac de graines précieuses. Les premiers jours furent pénibles, mais bientôt la chasse et la pêche nous fournirent une nourriture assurée, car les chèvres sauvages pullulaient à l'intérieur de l'île, et les animaux marins abondaient sur ses côtes. Peu à peu, notre existence s'organisa régulièrement.

«Je connaissais exactement la situation de l'îlot par mes instruments, que j'avais sauvés du naufrage.

«J'avais d'abord eu l'idée d'affronter la mer sur un canot fait avec les épaves du navire, mais quinze cents milles nous séparaient de la terre la plus proche, c'est-à-dire des îles de l'archipel Pamotou. Aucune embarcation n'eût résisté à une traversée si longue.

«Ah! mes pauvres enfants! que de fois, du haut des rocs de la côte, nous avons guetté des navires au large!

«Enfin, la veille de ce jour, j'étais monté sur le plus haut sommet de l'île, quand j'aperçus une légère fumée dans l'ouest. Je me jetai à la mer et me dirigeai vers elle.

«J'approchais du yacht, quand il vira de bord! Alors je poussai ces cris désespérés que mes deux enfants furent seuls à entendre.

«Puis je revins au rivage, épuisé, vaincu par l'émotion et la fatigue. Ce fut une nuit horrible que cette dernière nuit et nous nous croyions pour jamais abandonnés, quand, le jour venu, j'aperçus le yacht. Votre canot fut mis à la mer... Nous étions sauvés.»

Le récit d'Harry Grant s'acheva au milieu des baisers et des caresses de Mary et Robert. Mais que pensait Jacques Paganel pendant le récit du capitaine Grant? Paganel n'y tint plus, et, saisissant la main d'Harry Grant:

—Capitaine, s'écria-t-il, me direz-vous enfin ce que contenait votre indéchiffrable document?

—Mylord, le voici mot pour mot, répondit Harry Grant.

—Le 27 juin 1862, le trois-mâts *Britannia,* de Glasgow, s'est perdu à quinze cents lieues de la Patagonie, dans l'hémisphère austral. Portés à terre, deux matelots et le capitaine Grant ont atteint à l'île Tabor...

—Hein! fit Paganel.

A ce nom de Tabor, Paganel s'était levé brusquement; puis, ne se contenant plus, il s'écria:

—Comment, l'île Tabor! Mais c'est l'île Maria-Thérésa!

—Sans doute, monsieur Paganel, répondit Harry Grant, Maria-Thérésa sur les cartes anglaises et allemandes, mais Tabor sur les cartes françaises!

A cet instant, un formidable coup de poing atteignit l'épaule de Paganel, qui plia sous le choc.

—Géographe! dit Mac Nabbs avec le ton du plus profond mépris.

Mais Paganel n'avait même pas senti la main du major. Qu'était-ce auprès du coup géographique qui l'accablait!

Ainsi donc, comme il l'apprit au capitaine Grant, il s'était peu à peu rapproché de la vérité! Il avait déchiffré presque entièrement l'indéchiffrable document!

On revint à bord. Glenarvan comptait partir le jour même et donna ses ordres pour le débarquement du quartier-maître.

Glenarvan, s'adressant au quartier-maître, lui dit:

—Vous persistez, Ayrton, dans cette résolution d'être abandonné?

—Oui, mylord.

—Ecoutez mes dernières paroles, Ayrton. Ici, vous serez éloigné de toute terre, et sans communication possible avec vos semblables. Les miracles sont rares, et vous ne pourrez fuir cet îlot où le *Duncan* vous laisse. Vous serez seul, mais vous ne serez ni perdu ni ignoré, comme le fut le capitaine Grant. Si indigne que vous soyez du souvenir des hommes, les hommes se souviendront de vous. Je sais où vous êtes, Ayrton, je sais où vous trouver, je ne l'oublierai jamais.

—Dieu conserve Votre Honneur! répondit simplement Ayrton.

Telles furent les dernières paroles échangées entre Glenarvan et le quartier-maître. Le canot était prêt. Ayrton y descendit.

Ayrton, arrivé à terre, sauta sur le sable, et le canot revint à bord. Il était alors quatre heures du soir, et, du haut de la dunette, les passagers purent voir le quartier-maître, les bras croisés, immobile comme une statue sur un roc, et regardant le navire.

—Nous partons, mylord? demanda John Mangles.

—Oui, John, répondit vivement Glenarvan, plus ému qu'il ne voulait le paraître.

—Go ahead! cria John à l'ingénieur.

LA DERNIÈRE DISTRACTION DE JACQUES PAGANEL

Le *Duncan,* onze jours après avoir quitté l'île, le 18 mars, eut connaissance de la côte américaine et, le lendemain, il mouilla dans la baie de Talcahuano.

Enfin, le 9 mai, cinquante-trois jours après avoir quitté Talcahuano, John Mangles releva les feux du cap Clear. Le yacht emboqua le canal Saint-Georges, traversa la mer d'Irlande, et, le 10 mai, il donna dans le golfe de la Clyde. A onze heures, il mouillait à Dumbarton. A deux heures du soir, ses passagers entraient à Malcolm-Castle, au milieu des hurrahs des highlanders.

Il était donc écrit qu'Harry Grant et ses deux compagnons seraient sauvés, que John Mangles épouserait Mary Grant.

Mais était-il écrit que Jacques Paganel ne mourrait pas garçon? Probablement.

Une aimable demoiselle de trente ans, rien moins que la cousine du major Mac Nabbs, un peu excentrique elle-même, lui offrit sa main.

Ce fut le major qui s'entremit entre ces deux cœurs faits l'un pour l'autre. Il dit même à Paganel que le mariage était la ''dernière distraction'' qu'il pût se permettre.

Grand embarras de Paganel, qui, par une étrange singularité, ne se décidait pas à articuler le mot fatal.

Enfin, mis un jour au pied du mur par l'intraitable major, il finit par lui confier, sous le sceau du secret, une particularité qui devait faciliter son signalement, si jamais la police se mettait à ses trousses.

—Bah! s'écria le major.

Un court entretien eut lieu entre Mac Nabbs et Miss Arabella.

Quinze jours après, un mariage se célébrait, à grand fracas, dans la chapelle de Malcolm-Castle. Paganel était magnifique, mais hermétiquement boutonné, et Miss Arabella splendide.

Et ce secret du géographe fût toujours resté enseveli dans les abîmes de l'inconnu, si le major n'en eût parlé à Glenarvan, qui ne le cacha point à Lady Helena, qui en dit un mot à Mistress Mangles. Bref, ce secret parvint aux oreilles de Mistress Olbinett, et il éclata.

149

Jacques Paganel, pendant ses trois jours de captivité chez les Maoris, avait été *tatoué,* mais tatoué des pieds aux épaules, et il portait sur sa poitrine l'image d'un kiwi héraldique, aux ailes éployées, qui lui mordait le cœur.

Le retour du capitaine en Ecosse fut salué comme un événement national, et Harry Grant devint l'homme le plus populaire de la vieille Calédonie. Son fils Robert s'est fait marin comme lui, marin comme le capitaine John, et c'est sous les auspices de Lord Glenarvan qu'il a repris le projet de fonder une colonie écossaise dans les mers du Pacifique.

TABLE DES MATIÈRES

Première Partie

Deuxième Partie

Troisième Partie

TITRES